Global Perspectives

Listening & Speaking Book 1

by

Noriko Nakanishi

Nicholas Musty

Shoko Otake

Tam Shuet Ying

Yuki Ebihara

Keiji Fujimura

SEIBIDO

photographs by
© iStockphoto

音声ファイルのダウンロード／ストリーミング

CD マーク表示がある箇所は、音声を弊社 HPより無料でダウンロード／ストリーミングすることができます。下記 URL の書籍詳細ページに音声ダウンロードアイコンがございますのでそちらから自習用音声としてご活用ください。

http://seibido.co.jp/ad659

Global Perspectives
Listening & Speaking Book 1

はしがき

自動翻訳機能や自動音声認識技術の発達のおかげで、自分で英文を考えたり聞き取ったりしなくても、趣味の旅行程度の簡単な英語会話には不自由しない時代になりました。しかし、単に目的地までの道順を尋ねたりレストランで食事を注文したりするだけでなく、会話の相手と交流を深めたり意見を交わしたりするには、自分の耳でニュアンスを聞き取って論点を整理し、相手の文化や考え方の背景を尊重しながら自分の考えを自分の言葉で伝えなければ、本当の意味でのコミュニケーションは成り立ちません。

さらに、日本国内にいても日本語を母語としない人々と接する機会は多くあります。世界的な感染症拡大の影響により、自宅に居ながらもオンラインで海外の人々とコミュニケーションをとる環境が整いつつあります。これまでのビジネスシーンでは海外出張とは無縁だった人も、各国の人々と英語で会話をすることが日常となる将来は近いでしょう。世界の人口比や経済活動の状況を考えると、会話の相手は、英語のネイティブ・スピーカーとは限りません。世界各地域の言語的特徴の影響を受けた多様な英語を尊重する「世界諸英語 (World Englishes)」という捉え方が必要とされます。英語の多様性だけでなく、文化や習慣・価値観の多様性にも配慮しながら、自分の考えを分かりやすく伝えるコミュニケーション力が、今後の社会では一層求められます。

本書のねらいは、学習者が大学入学までに培ってきた以下の「三つの柱（文部科学省、2018年3月公示）」を引き継ぎ、さらに発展させることです。

(1) 何を理解しているか、何ができるか（知識・技能）

(2) 理解していること・できることをどう使うか（思考力・判断力・表現力）

(3) どのように社会・世界と関わり、よりよい人生を送るか（学びに向かう力・人間性）

本書の Book 1 では大学生が日常的に経験する「大学生活」「心と体の健康」のようなトピック、Book 2 では「学術研究」「科学とは」のような、大学生にふさわしい学際的なトピックを扱います。Unit ごとのトピックに関連する会話やモノローグを聞いて英語リスニング力を養うだけでなく、情報を整理し、多様な角度から検討した上で、論理的・客観的に自分の意見を述べるための批判的思考力をつけることを目的としています。異なった言語背景・文化背景を持つ話者間のやり取りや、賛否が分かれることがらについてのモノローグ音声を元に、自分の意見を整理して英語で述べるための発表アウトラインの作成へとつなげます。本書を通して、学習者が英語のリスニング力やスピーキング力を伸ばすだけでなく、思考力・判断力・表現力や積極性・人間性を養うきっかけとなることを願っています。

最後に、本書の出版にあたり、趣旨をご理解くださり、きめ細やかなアドバイスでサポートくださった（株）成美堂編集部の中澤ひろ子氏に、心から感謝を申し上げます。

2022年10月
筆者一同

本書の構成 / 使い方

❶ Warm-up

各ユニットに関連したトピックについて4つの選択肢の中から自分の知識や考えに近いものを選び、ウォーミングアップをしましょう。時間に余裕があれば、なぜその選択肢を選んだか説明し、クラスメイトと意見交換しましょう。

❷ Words in focus

各ユニットに関連した用語を予め確認しましょう。単に英単語を和訳するのではなく、用語をネット検索して、トピックと関連する背景知識を身につけておきましょう。

❸ Dialogue

日本の大学生ケンとマリが、世界諸英語の話者と会話します。会話の内容だけでなく、地域特有の語彙・綴り・発音にも注目しましょう。Unit 1-5はアメリカ・イギリス・オセアニア出身者、Unit 6以降では、シンガポール・インド・ロシア・ラテンアメリカ・中国・エジプト・アフリカ出身者が登場します。

内容理解問題は5つの<Scene>に分かれています。<Scene> 1, 2では日常の会話で使えそうなフレーズが穴埋め問題になっています。<Scene> 3-5は、台本がテキストに掲載されていません。先に問題に目を通してから必要な情報を聞き取る練習をしましょう。

❹ Viewpoints

Dialogueをもう一度聞きながら内容語を書き取り、<Scene> 1-5の要点をまとめましょう。

❺ Pronunciation

Dialogueの中で、英語の音声的な特徴が表れている部分をもう一度聞き、聞き取りや発音のコツをつかみましょう。

❻ Monologue

大学での講義やスピーチ・アナウンス・トークショーのような1人の話者によるトークを聞きながら、必要に応じて図表などを参考に、内容を理解しましょう。トークを聞く前に、やや難易度が高い語の意味と発音を確認しておきましょう。

内容理解問題の後で、スクリプトを見ながらもう一度トークを聞き、やや難易度が高い語を書き取りましょう。前ページで確認した語とは語形が異なるものがあるため、文法知識も必要です。

❼ Speaking outline

ユニットに関連したトピックで口頭発表をするためのアウトラインをまとめましょう。アウトラインは、基本的に「Introduction（導入）」と「Conclusion（結論）」の間に「Body（本論）」を挟み込む構成になっています。以下は、各ユニットで紹介されるアウトライン作成のコツです。

Unit	コツ	Unit	コツ
1	Main idea and details (1)	7	Sequencing
2	Dealing with unknown words	8	Comparison and contrast
3	Cause and effect	9	Main idea and details (2)
4	Understanding timelines	10	Inference (1)
5	Similarities and differences	11	Inference (2)
6	Categorization	12	Paraphrasing

CONTENTS

EnglishCentralのご案内

本テキスト各ユニットの「Dialogue」のconversationと「Monologue」で学習する音声は、オンライン学習システム「EnglishCentral」で学習することができます。

EnglishCentralでは動画の視聴や単語のディクテーションのほか、動画のセリフを音読し録音すると、コンピュータが発音を判定します。PCのwebだけでなく、スマートフォン、タブレットではアプリでも学習できます。リスニング、スピーキング、語彙力向上のため、ぜひ活用してください。

EnglishCentralの利用にはアカウントとアクセスコードの登録が必要です。登録方法については下記ページにアクセスしてください。

（画像はすべてサンプルで、実際の教材とは異なります）

https://www.seibido.co.jp/englishcentral/pdf/ectextregister.pdf

見る

本文内でわからなかった単語は1クリックでその場で意味を確認

スロー再生

日英字幕（ON/OFF可）

学ぶ

音声を聴いて空欄の単語をタイピング。ゲーム感覚で楽しく単語を覚える

話す

動画のセリフを音読し録音、コンピュータが発音を判定。

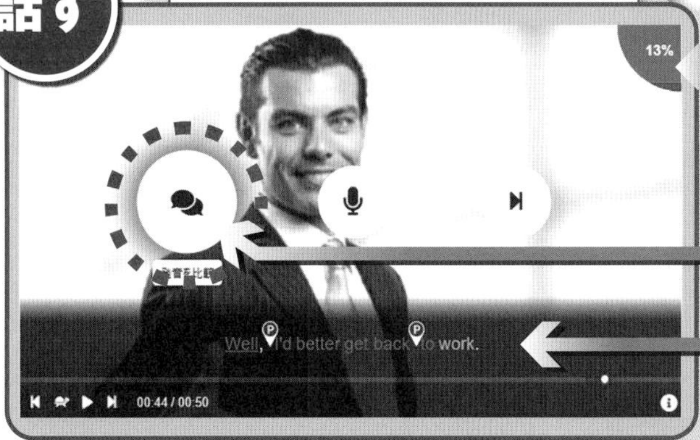

日本人向けに専門開発された音声認識によってスピーキング力を%で判定

ネイティブと自分が録音した発音を聞き比べ練習に生かすことができます

苦手な発音記号を的確に判断し、単語を緑、黄、赤の3色で表示

UNIT 1 College Life

大学生活の意義について考えよう

Warm-up: *Share your ideas.*

What is important for you when you register for a course? Why?

a. The number of credits I can get.

b. The contents of the course.

c. The easiness of passing the course.

d. Whether I have friends in the class.

I chose answer _____, because...

Words in focus: *Search the internet for words and phrases.*

CD 1-02

❑ bachelor's degree
❑ buddy
❑ college tuition
❑ credit
❑ GPA (grade point average)
❑ grading policy
❑ graduate requirements
❑ graduate school
❑ register for a class
❑ syllabus

Dialogue: *Who is responsible for college tuition?*

1. Listen to each phrase, and guess what the speaker implies. 1-03

1. (　　)
2. (　　)
3. (　　)

(A) I don't mind.
(B) I want to study hard.
(C) I will help you.

2. Listen to the conversation and fill in the blanks. 1-04, 05

Ken is talking to Jessie, an international student from the United States.

<Scene 1>

Ken: Hi! I'm Ken, your student buddy. Nice to meet you.

Jessie: Hello, I'm Jessie. Nice to meet you, too.

Ken: (1) ______________________________ Have you registered for all of your classes?

Jessie: Not yet. Have you?

Ken: No. I'll just join the classes that my friends register for.

Jessie: Why?

Ken: Well, I don't want to sit in the classroom alone.

Jessie: What if your friends take the classes you're not interested in?

<Scene 2>

Ken: (2) ______________________ I'm here to enjoy my college life.

Jessie: But we pay quite a lot of money for our education. Don't you think you'll waste money if you don't study hard?

Ken: My parents pay for my college tuition, not me. They're happy as long as I can get a bachelor's degree in four years.

Jessie: Good for you. I pay for tuition and living expenses by myself. So, (3) ______________________________

3. Listen to the conversation again and choose the best answer to each question. (repeat) CD 1-04, 05

<Scene 1> Who has finished registering for the classes?

(A) Ken, but not Jessie.

(B) Jessie, but not Ken.

(C) Both Ken and Jessie.

(D) Neither Ken nor Jessie.

<Scene 2> Who is paying for Jessie's tuition?

(A) Ken is.

(B) Jessie is.

(C) Ken's parents are.

(D) Jessie's parents are.

4. Listen to scenes 3 to 5, and choose the best answer to each question. CD 1-06, 07, 08

<Scene 3> What is important for Jessie?

(A) To get support from her parents.

(B) Not to depend on her parents.

(C) To take care of her parents.

(D) To respect Ken's decision.

<Scene 4> Where is the hotel located?

(A) Close to the campus.

(B) Close to the hospital.

(C) Close to the bank.

(D) Close to the manager's house.

<Scene 5> What is Ken likely to do next?

(A) Finalize his class schedule.

(B) Talk to his manager.

(C) See Ms. Tachibana.

(D) Get his résumé.

Viewpoints

repeat CD 1-04, 05, 06, 07, 08

ケンとジェシーの価値観の違いが表れているフレーズをもう一度聞き、書き取りましょう。

<Scene 1> 履修登録	Ken: I'll just j____ the cl________ that my fr________ r________ f___. Jessie: What if your fr________ t_____ the cl________ you're n___ i__________ in?
<Scene 2> 大学生活の目的	Ken: I'm here to e________ m___ c________ l_____. Jessie: I'm s________ about my e__________.
<Scene 3> 学費	Ken: Why don't you a_____ your p________ to p_____? Jessie: I really n_____ to s_____ m_______ and st______ at the s______ t_____.
<Scene 4> バイトの目的	Ken: I st________ w________ there to k_____ t_____ b________ cl________. Jessie: I can g_____ w_____ e__________ and m________ at the s_____ t_____.
<Scene 5> 優先順位	Jessie: I'll f________ my cl______ s__________, and then c_____ this n________. Ken: She w________ to s_____ me because I sk________ cl________.

Pronunciation: *World Englishes*（世界の英語）

英語は世界中で使用されている言語です。そのため、同じ英語でも話者の出身地によって用いられる語彙・綴り・発音などが異なることがあります。本書では日本のケンとマリがユニットごとに以下の話者と会話をします。みなさんも、世界中の話者と実践的なコミュニケーションをとれるように、様々な地域の出身者が使う英語に慣れてください。

Unit	地域	話者
1	アメリカ①	Jessie
2	アメリカ②	Lucas
3	イギリス	Lily
4	アイルランド	Jack
5	ニュージーランド	Ruby
6	シンガポール	Dave

Unit	地域	話者
7	インド	Asha
8	ロシア	Ivan
9	ブラジル	Sofia
10	中国	Eric
11	エジプト	Sara
12	アフリカ	Julius

Monologue: *What is the key to academic success?*

1. Choose the phrase that is related to each word, and practice reading it out loud. 1-09

1. academic achievement ( )
2. bachelor's degree ( )
3. credit ( )
4. earn ( )
5. proper ( )
6. registration ( )
7. syllabus ( )
8. graduate school ( )
9. graduation requirements ( )
10. grade point average ( )

(a) a study plan for a particular course
(b) a unit that shows the completion of a course
(c) appropriate
(d) study results
(e) the average result of the entire academic performance
(f) the process of signing up for classes
(g) things necessary for completing education
(h) to get
(i) a qualification given when completing a university course
(j) the level of study after completing a university course

2. Listen to the monologue and choose the best answer to each question.  1-10

1. Who is Ms. Tachibana?
(A) A staff member of a university.
(B) A student at a university.
(C) A worker at a credit card company.
(D) An agent for a study abroad program.

2. What is the main purpose of this talk?
(A) To say hello to the students.
(B) To explain their school policy.
(C) To give students some credits.
(D) To introduce the graduate school programs.

<Graduation Requirements>
You need at least **124** credits.

<Grading Policy>
✔ 90% and above="S"
✔ 80–89% ="A"
✔ 70–79% ="B"
✔ 60–69% ="C"
✗ lower than 60% ="D"

3. Look at the chart. When your letter grade is "B," what does it mean?
(A) You cannot graduate from college.
(B) You passed the course.
(C) You failed the course.
(D) You earned 124 credits.

3. Listen again and fill in the blanks with suitable forms of words in the previous page.

You are attending an orientation session for the new academic year. (repeat) CD 1-10

Hello, I'm Masako Tachibana from the registration office. In this orientation session, I will tell you about details of our registration policy. One is graduation requirements, and the other is your (1) ____________________.

First of all, you need to meet the (2) ____________________ to receive a (3) ____________________. In other words, you need to earn a certain number of credits to complete your course and finish college education. A (4) ________ is a unit that shows your (5) ____________________. According to our grading policy, 60% or higher is a passing grade. Check the (6) ____________ for each class to find out about the number of credits you can (7) ________.

Next, about the grade point average, or GPA. You may need it when you apply for study abroad programs or (8) ____________________. The GPA is the average points for all the courses you register for. When you fail a course, it will be counted as "zero." It means that your average can get very low. So, consider how many classes you can manage to keep good academic standing.

Registering for (9) _________ courses is the key to academic success. If you have any questions, please feel free to talk to the staff members at the (10) ________________ office in Building A. We are more than happy to help you individually. Thank you for your attention.

Speaking outline: *Main idea and details (1)*

CD 1-11

あなたにとって 1) 大学生活の意義は何ですか？ 2) なぜ大学に進学しましたか？ 3) 大学で何をするつもりですか？ 1) と 4) で主題を述べ 2), 3) を挟み込むスピーチ構成で話しましょう。

1) Main idea	I will talk about what college life means to me. I will focus on 2) ____________ and 3) ____________
2) Detail 1	I chose this college because ________.
3) Detail 2	While in college, I would like to ________.
4) Conclusion	In conclusion, to me, college life is ________.

UNIT 2

Understanding Copyright

著作権について考えよう

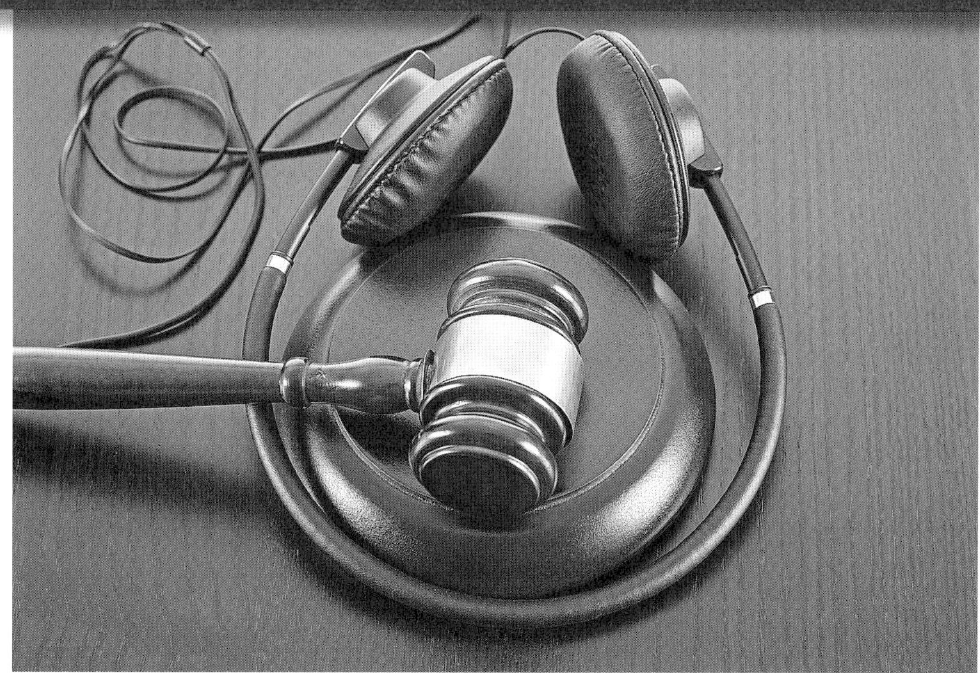

Warm-up: *Share your ideas.*

What comes to mind when you think about copyright?

a. Illegal downloading.

b. Imitation branded products

c. Spoiler websites

d. Other(s) (__________)

I chose answer _____, because...

Words in focus: *Search the internet for words and phrases.*

 1-12

❏ accuse

❏ advertise

❏ claim

❏ clarify

❏ coincidence

❏ copyright

❏ genre

❏ logo plagiarism

❏ make a case

❏ trademark

Dialogue: *You should have known that if you're a songwriter!*

1. Listen to each phrase, and guess what the speaker implies. 1-13

1. (   )
2. (   )
3. (   )

(A) I want to confirm what you said.
(B) What happened?
(C) I am not talking about that.

2. Listen to the conversation and fill in the blanks. 1-14, 15

Mari receives a phone call from Lucas, a student in the United States.

<Scene 1>

Mari: Hi Lucas! What's up?

Lucas: Good evening. Thanks for giving me the demo tape for your new R&B song.

Mari: Oh, you listened to it? Thanks! How do you like it?

Lucas: (1) ____________________ You know the opening, starting with "Come home with me, just like ten years ago. Among the dandelion flowers."

Mari: What about it?

Lucas: Don't the lyrics sound really close to the ones in the hip-hop song I made? It starts with "Come along, among the dandelion flowers."

<Scene 2>

Mari: Yes, I listened to that so many times. But, was using those words that bad?

Lucas: Uh.... (2) ____________________ So, you knew that you were using my lyrics.

Mari: Yup! I mean, the music genre is different too, so it isn't a problem, right?

Lucas: Mari, that makes me feel so angry!

Mari: (3) ____________________

3. Listen to the conversation again and choose the best answer to each question. 

 1-14, 15

<Scene 1> Which words appear in BOTH Mari's and Lucas' lyrics?

(A) Come home with me

(B) Just like ten years ago

(C) Among the dandelion flowers

(D) None of the above

<Scene 2> Why does Mari think copying lyrics isn't a problem?

(A) Because the music is copyrighted.

(B) Because the music is not famous.

(C) Because the music type is different.

(D) Because the music is new.

4. Listen to scenes 3 to 5, and choose the best answer to each question.  1-16, 17, 18

<Scene 3> Why is Lucas angry?

(A) Because he spent time making lyrics.

(B) Because his music was unpopular.

(C) Because Mari hated his lyrics.

(D) Because Mari copied his lyrics without asking.

<Scene 4> What did Mari learn from Lucas about the copyright?

(A) It only applies to the melody.

(B) It only applies to the lyrics.

(C) It applies both to the melody and the lyrics.

(D) It applies neither to the melody nor the lyrics.

<Scene 5> What will Mari do next?

(A) Make another demo tape.

(B) Make a song without lyrics.

(C) Change her lyrics by next Monday.

(D) Change her lyrics by next Tuesday.

Viewpoints

repeat CD 1-14, 15, 16, 17, 18

マリがした失敗の深刻さについて、マリとルーカスの捉え方の違いが表れているフレーズをもう一度聞き、書き取りましょう。

<Scene 1> 論点	Mari: Th______! H_____ do you l_____ it? Lucas: That's n____ my p_______.
<Scene 2> 問題意識	Mari: I mean, the m_______ g_______ is d____________ too, so it isn't a p__________, r_______? Lucas: Mari, that m_______ me f_____ s___ a_______!
<Scene 3> 共通点の範囲	Lucas: No, I d______ m______ that o_____ w______. Mari: Oh, I d_______ s____ that I was u_______ wh_______ ph__________.
<Scene 4> 友達なら 許されるか	Mari: Well, I k______ w______ it is, b_____ we're fr_________, aren't we? Lucas: Mari, are you s________ that you're a__________ t___ st______ if I'm y______ fr______?
<Scene 5> 解決策	Lucas: Can you ch________ th___ l_______, so they don't c______ m______? Mari: Yeah, I'll ch________ them c_______________ by n______ T__________. Lucas: Actually, M_________ would be b________ for me.

Pronunciation: *Prosody*（韻律）

CD 1-19

音の高さの変化や強さ・高さ・長さなどの音声的な性質は、プロソディまたは韻律と呼ばれます。発話の中でどこかを強調したり、話者の感情を表したりする役割がありますが、文字情報だけでは判断できないので、音をよく聞いて話者の意図をくみ取ることが大事です。

例えば、マリとルーカスの以下の発話の声の高さに注意して、もう一度聞いてみましょう。2人のどんな気持ちが伝わってきますか？

Mari: Hi Lucas ↗ ! What's up ↗ ?（高めのトーンで、2文とも上昇調で話している。）

Lucas: Good evening ↘ .（低めのトーンで、下降調で話している。）

Monologue: *Is it copying or not? The case of logos.*

1. Choose the phrase that is related to each word, and practice reading it out loud. 1-20

1. accuse	( )	**(a)** a place for producing goods
2. advertise	( )	**(b)** a shape with five sides
3. coincidence	( )	**(c)** a situation when the same thing happens by chance
4. factory	( )	**(d)** a symbol of a company
5. geometric	( )	**(e)** composed of specific patterns
6. pentagon	( )	**(f)** to look for the difference between two or more things
7. plagiarism	( )	**(g)** stealing somebody's work
8. rapidly	( )	**(h)** to blame
9. compare	( )	**(i)** to introduce something publicly
10. trademark	( )	**(j)** very quickly

2. Listen to the monologues and choose the best answer to each question.  1-21

1. In what sense does the newscaster of *Evening News* say, "Will you look at that?"

(A) Study each design closely.

(B) Imagine a life without chocolate.

(C) See how nice Hearty's chocolate looks.

(D) Decide which company is better.

2. Why is Hearty's unhappy with Jim's Chocolate?

(A) Because Hearty's chocolate tastes good.

(B) Because Hearty's stole Jim's logo.

(C) Because geometric shapes are fun.

(D) Because their package designs were similar.

Hearty's Logo

3. Look at the two logos. What is the main difference?

(A) The shape of the package.

(B) The shape of the gray part.

(C) The size of the star.

(D) The size of the package.

Jim's Logo

3. Listen again and fill in the blanks with suitable forms of words in the previous page.

You are listening to the news from two different TV stations. (repeat) CD 1-21

Welcome to *Evening News*. Today we'll start off by talking about a logo (1) __________ problem. It's going on with two chocolate companies. The first company is Hearty's. They have been in business since the 1930s. The company (2) __________ is Jim's Chocolate. This company has been (3) __________ increasing its sales. This problem came up when both companies began (4) ______________ a new product. Will you look at that? Jim's Chocolate uses almost the same color and design as Hearty's. There's also a star shape in the middle. That is the (5) __________ sign of Hearty's! They always use that in their product design. Jim's Chocolate has surely copied this.

. . . .

It is now 7 pm, so it's time for *BAJ News*. Now here's a fun story. Two chocolate companies are looking for a fight over their newest chocolate products. Hearty's is a chocolate (6) __________ known for many years. They claim that Jim's Chocolate plagiarized their product logo. Let's (7) __________ the two. Well, we can see that both of them are square shapes. All good chocolate bars are made with that shape. And then, we see a series of (8) __________ shapes, like stars, hearts, and (9) __________. If Hearty's is going to make a case for these shapes, it's going to be tough. It could be just a (10) ________________.

Speaking outline: *Dealing with unknown words*

CD 1-22

1) 著作権侵害とは何かを調べ、2) 分かりやすい英語で説明してから、3) 著作権侵害に該当すると考えられる例を紹介しましょう。4) 最後に話の内容をまとめましょう。

1) Introduction	Today, I would like to talk about copyright infringement. First, I'll explain 2) what it is, and then 3) give you an example.
2) Explanation	Copyright infringement is ________. In other words, when ________.
3) Example	Look at / Listen to / Watch this. It is an example of copyright infringement. That is to say, ________.
4) Conclusion	After all, when you ________, it is regarded as infringement. Be careful because ________.

UNIT 3 Cyber Bullying

ネットいじめについて考えよう

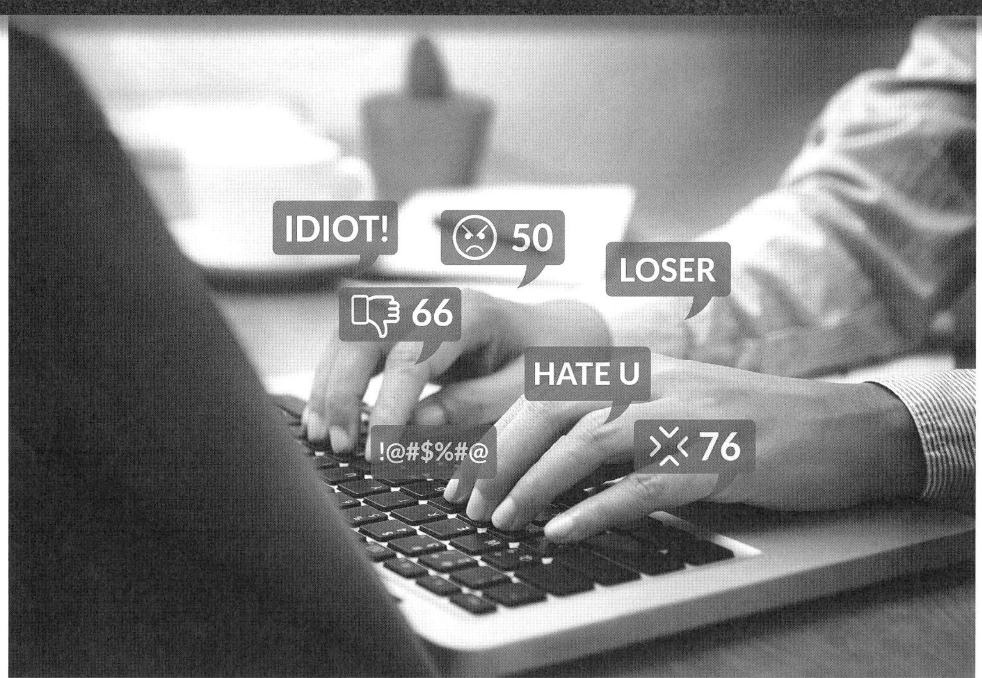

Warm-up: *Share your ideas.*

What would you do if you noticed someone getting bullied?

a. Talk to the bully.

b. Talk to the bullied person.

c. Talk to someone else.

d. Do nothing.

I chose answer _____, because...

Words in focus: *Search the internet for words and phrases.*

 1-23

❑ admit
❑ bully
❑ exclude
❑ immature
❑ independent
❑ insult
❑ online forum
❑ rude
❑ social media
❑ survivor

Dialogue: *Everybody says I'm strange.*

1. Listen to each phrase, and guess what the speaker implies.

1. (　　)
2. (　　)
3. (　　)

(A) I don't understand what you're doing recently.
(B) My friends will sit here later.
(C) I don't want to upset you.

2. Listen to the conversation and fill in the blanks.

Ken meets Lily, an international student from the UK, in the college cafeteria.

<Scene 1>

Lily: Hi, Ken. Can I sit here?

Ken: Uh, no. (1) ________________________

Lily: You mean Greg and the others? I saw them on the patio eating their lunch.

Ken: Oh? Um, OK, then you can sit there.

Lily: Thanks. By the way, Ken, how are you?
(2) ________________________________

Ken: Strange? Yes, everybody says I'm strange. I've been like this all my life.

<Scene 2>

Lily: (3) ________________________, but what happened? You often escape from the classroom in the middle of class.

Ken: I have to leave the class early enough before lunch to save seats for my friends.

Lily: Excuse me. Are they your friends?

Ken: Of course! Greg was the first one who talked to me in college.

Lily: You always seem scared when you're with Greg.

Ken: No, I'm just trying not to be rude to him. He and his friends make fun of me when I make mistakes on social media.

3. Listen to the conversation again and choose the best answer to each question. (repeat) CD 1-25, 26

<Scene 1> Why did Ken allow Lily to take a seat?

(A) He was lonely.

(B) He wanted to do homework.

(C) He realized Greg was outside.

(D) He hated his classes.

<Scene 2> What does Lily know about Ken?

(A) He leaves the class early.

(B) He has no seat in class.

(C) He doesn't come to college.

(D) He posts rude messages on social media.

4. Listen to scenes 3 to 5, and choose the best answer to each question. CD 1-27, 28, 29

<Scene 3> Who does Greg describe as a person "in a dark cafeteria"?

(A) Lily.

(B) Ken.

(C) Himself.

(D) His followers on social media.

<Scene 4> What does Lily suggest?

(A) Ken should enjoy talking with Greg.

(B) Greg should make fun of Ken.

(C) Ken should not spend time with Greg.

(D) Greg should remember Lily.

<Scene 5> Which of the following supports Ken's argument for staying friends with Greg?

(A) Lily wants to exclude Greg from school.

(B) Greg won't let Ken out of his group.

(C) Greg wants Lily to make photocopies.

(D) Lily won't have lunch with Ken.

Viewpoints

repeat　CD 1-25, 26, 27, 28, 29

グレッグとケンとの関係についての捉え方がリリーとケンとの間で異なっていることが表れているフレーズをもう一度聞き、書き取りましょう。

<Scene 1> 友達？	**Ken:** I'm *w*________ for my *fr*________.
<Scene 2> グレッグとの関係	**Lily:** You *a*________ *s*______ *sc*_______ when you're with Greg. **Ken:** No, I'm just *tr*______ *n*___ *t*__ *b*__ *r*_____ to him.
<Scene 3> 失礼なのは誰か	**Lily:** You were *s*________ all these *s*_______ for their *l*_______. But they *l*____ you *a*______ *h*____, and they're *o*_________.
<Scene 4> 侮辱か悪ふざけか	**Lily:** That is an *i*_______! **Ken:** We *a*________ *m*______ *f*___ *o*__ *ea*_____ *o*______.
<Scene 5> 仲間意識	**Lily:** Do you *w*______ to *sp*______ the *r*_____ of your *c*_________ *l*_____ like this? **Ken:** I *n*______ *fr*________ to *h*_____ *l*______ with. And we *h*_____ *e*____ *o*______ for *e*________.

Pronunciation: *Word and sentence stress*（語強勢・文強勢）

CD 1-30

● patioという語を調べると、たいていの英和辞書ではpa·ti·o/pǽtiòu, pɑ́:-/のように音節区切りと発音記号が示されています。/ǽ/や/ɑ́:/の上に付いている第一強勢、/òu/の上に付いている第二強勢の記号がついている音節は、第一強勢、第二強勢の順に強く高く長く発音されます。強勢記号がついていない音節には強勢が置かれないので、日本語で「パ・ティ・オ」と言うときのように3拍では発音されません。以下の単語の発音をもう一度聞いて、どの音節に語強勢が置かれているか確認しましょう。

féel·ing　es·cápe　cláss·ròom　cól·lege　mis·táke　mé·di·a

●ひとつの文の中に表れる強勢は文強勢と呼ばれます。基本的に、名詞・動詞・形容詞・副詞のような「内容語」には強勢が置かれますが、冠詞・前置詞・代名詞のような「機能語」には強勢がおかれません。以下の文の発音をもう一度聞いて、どの音節に強勢が置かれているか確認しましょう。

I **saw** them on the **pa**tio **eat**ing their **lunch**.

Monologue: *What can I do to help him?*

1. Choose the phrase that is related to each word, and practice reading it out loud. 1-31

1. admit ( )
2. notice ( )
3. hurt ( )
4. immature ( )
5. independent ( )
6. mentally ( )
7. precisely ( )
8. pretend ( )
9. survivor ( )
10. translation ( )

(a) to cause someone pain or to injure them
(b) to behave as if something is true when it is not
(c) to agree that something bad is true
(d) text changed to another language
(e) relating to the mind
(f) not needing anyone to help you
(g) not completely developed
(h) to become aware of
(i) accurately
(j) a person who has overcome critical situations

2. Listen to the talk and choose the best answer to each question.  1-32

1. What is true about Lily's reason for visiting this forum?
(A) She is a survivor of bullying.
(B) She has ignored bullying.
(C) Her friend is being bullied.
(D) Her friend is bullying her.

2. Which of the following is actual objective information, not Lily's subjective claim?
(A) Japanese college students are childish.
(B) Japanese college students are independent.
(C) Her friend is being bullied.
(D) Her friend says that he is afraid to leave his group.

3. Look at the notice. Where is Lily most likely talking?
(A) In a college lecture room.
(B) At a concert venue.
(C) In a conference room.
(D) In front of a computer.

3. Listen again and fill in the blanks with suitable forms of words in the previous page.

You are attending an online forum where Lily is giving her speech. (repeat) CD 1-32

Hello, I'm Lily, an international student studying in Japan. I'm not a (1) __________ of bullying, but my friend is getting bullied. Um, well, more (2) __________, I think he is getting bullied, but he does not want to (3) __________ it. So I searched for "bullying support" on the internet and found this forum.

First of all, let me tell you why I came to Japan. I am a big fan of a Japanese pop-metal band. I found the English (4) __________ of their lyrics about bullying. The part I liked especially was "Those who (5) __________ me were not only the ones who did it, but also those who (6) __________ not to notice." Now that I have (7) __________ a sign of bullying, I want to do something about it.

When I started college in Japan, I noticed that some students like to stay in groups all the time. I felt it was (8) __________ and childish. I thought they would (9) __________ grow up soon and become more (10) __________. My friend says he is afraid to leave his group now, even though he seems to be getting bullied by that group.

What can I do to help him? I think the pop-metal band brought me here to help him out. Before that, I need to understand one thing. Do students form such groups in other Japanese colleges, too?

Speaking outline: *Cause and effect*

CD 1-33

1) ネットいじめの例を示し、2) それを防止するための対策を 1 つ取り上げ、3) その対策によってどんな効果が期待されるかを整理し、4) 最後に全体の議論をまとめましょう。

1) Introduction	I will talk about a way we can eliminate cyber bullying.
2) Cause	One of the things we can do is ________.
3) Effect	As a result, we can expect ________.
4) Conclusion	I would like to conclude my presentation by reminding you ________.

UNIT
4 Tourism

快適な旅のコツについて考えよう

Warm-up: *Share your ideas.*

What would you like to do if you were traveling abroad?

a. Escape from everyday life.
b. Experience a different culture.
c. Have a good time with my friends.
d. Other(s) (__________)

I chose answer _____, because...
....
....
....

Words in focus: *Search the internet for words and phrases.*

 1-34

❑ arrival
❑ declare at customs
❑ fountain soda
❑ immigration
❑ luggage
❑ potato wedges
❑ prohibited items
❑ resident
❑ yogurt, yoghurt
❑ Yorkshire pudding

Dialogue: *Potato wedges, please!*

1. Listen to each phrase, and guess what the speaker implies. 1-35

1. (   )
2. (   )
3. (   )

(A) Of course, please do that.
(B) Tell me what they are, please.
(C) I'm sure you'll like it!

2. Listen to the conversation and fill in the blanks. 1-36, 37

Mari is talking with Jack, a server in a restaurant in Ireland.

<Scene 1>

Jack: Hi, my name is Jack and I'll be your server today. Are you ready to order?
Mari: Can I ask you a question first?
Jack: (1) ______________________
Mari: What's the beet soup, please?
Jack: Oh, the beet is a purple vegetable. The soup is really good, a little bitter.
Mari: OK, beet soup, please. And I'm thinking of trying the Sunday roast. What is it?
Jack: Sunday roast? It's roast beef with Yorkshire pudding.
Mari: Pudding? Is it dessert?

<Scene 2>

Jack: No, ma'am. Yorkshire pudding is made from batter.
Mari: Butter? Just butter?
Jack: Not butter. Batter. It's made with flour, eggs and milk.
(2) ______________________
Mari: Well, I'm not sure, so I'll try the chicken, please. With ... *furaido pote-to.*
Jack: I'm sorry?
Mari: *Furaido pote-to*, please!
Jack: Fried ... potato ... do you mean wedges?
Mari: (3) ______________________
Jack: Oh, potato wedges. Here is a picture.
Mari: Potato! Yes, wedges please.

3. Listen to the conversation again and choose the best answer to each question. (repeat) CD 1-36, 37

<Scene 1> What dish does Mari ask about first?

(A) A dessert.

(B) A vegetable soup.

(C) A hot meat dish.

(D) A purple sweet.

<Scene 2> What are the wedges made from?

(A) Butter.

(B) Chicken.

(C) Potato.

(D) Pudding.

4. Listen to scenes 3 to 5, and choose the best answer to each question. CD 1-38, 39, 40

<Scene 3> Which dressing did Mari choose?

(A) Thousand Island.

(B) Greek.

(C) Caesar.

(D) Ranch.

<Scene 4> What does Mari order for her dessert?

(A) Yogurt.

(B) Brownies.

(C) Ice cream.

(D) None of the above.

<Scene 5> What is Mari most likely to do next?

(A) To order some dessert.

(B) To order a hot coffee.

(C) To help herself to the food.

(D) To get some drinks.

Viewpoints

(repeat) CD 1-36, 37, 38, 39, 40

ジャックとマリとの会話の中で誤解が生じていたことが表れているフレーズをもう一度聞き、書き取り、なぜこのような誤解が生じたのかを考えましょう。

<Scene 1> pudding とは	Jack: It's r______ b______ with Yorkshire p_________. Mari: P_________? Is it d_________?
<Scene 2> batter と butter	Jack: Y___________ p_________ is made from b_______. Mari: B_______? Just b_______?
<Scene 3> Wh 疑問文	Jack: Wh____ dr_________ would you like with that? Mari: Oh, y____ pl_______.
<Scene 4> 否定疑問文に対する返答	Jack: N__ d_________? Mari: Y___. Jack: So, you do w_____ a d_________?

Pronunciation: *Rhythm*（リズム）

CD 1-41

「フライドポテト」は和製英語なのでジャックが「potato wedges」と言い直す場面がありますが、それ以前に、マリの発音がジャックにうまく伝わりませんでした。このことには、ことばのリズムの取り方が日本語と英語で異なるということが関係しています。

- 日本語では基本的に「フ・ラ・イ・ド」のように1文字ずつをほぼ等間隔で拍を取りますが、英語の "fried" には1音節しかないため、1拍で発音されます。

- マリはポテトが英語らしく聞こえるように「ポテート」のように2音節目を伸ばして高い声で発音しましたが、英語で potato と言うときには「po·**ta**´·to」のように2音節目を強く、発音します。また、2音節目も3音節目も二重母音を含むので、どちらもある程度の長さがあります。

以下の単語の発音をもう一度聞いて、カタカナ発音との違いを確認しましょう。

ór·der　vég·e·ta·ble　ròast béef　des·sért　mílk　chíck·en　píc·ture

Monologue: *What to look out for in customs.*

1. Choose the phrase that is related to each word, and practice reading it out loud. 1-42

1. customs ( )
2. declare ( )
3. ensure ( )
4. illegal ( )
5. immigration ( )
6. measures ( )
7. normally ( )
8. prohibited ( )
9. restricted ( )
10. tolerate ( )

(a) against the law
(b) banned
(c) checkpoint for goods when entering a country
(d) entry into a country
(e) limited
(f) plans, systems, or policies
(g) to announce
(h) to secure
(i) to put up with something unpleasant
(j) usually

2. Listen to the monologue and choose the best answer to each question.  1-43

1. What is this announcement about?
(A) How to travel around the UK.
(B) What to do immediately after arriving in the UK.
(C) What kind of jobs immigrants to the UK have.
(D) How to get a UK passport.

2. What should you do when you are not sure if you can bring certain items?
(A) Get your passport stamped.
(B) Collect your luggage.
(C) Report the items to the police.
(D) Use the red lane.

3. Look at the graphic. What does it suggest?
(A) You cannot bring potatoes into the UK.
(B) You cannot take aubergines out of the UK.
(C) You can bring more than 2kg of bitter cucumbers into the UK.
(D) You can take more than 2kg of bitter gourd out of the UK.

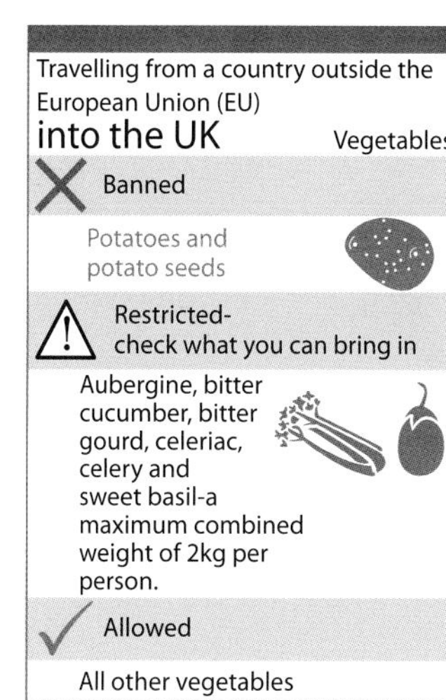

3. Listen again and fill in the blanks with suitable forms of words in the previous page.

You are on an airplane to Heathrow Airport, London. (repeat) 1-43

You'll soon be making your trip to Britain. Around 40 million people visit Britain every year. There are a number of (1) ____________ to (2) ____________ that our country continues to be safe. So please follow the procedures in this video.

On arrival, you'll be directed to the (3) ____________ desks. If you have a British passport, you can go to the automated desk. If not, please follow the line for residents of other countries. Our officers will ask you where you are staying, the purpose of your visit, and when you intend to leave. Please ensure that you are ready to answer the questions. We (4) ____________ only speak to you in English, or Welsh if you are arriving in Cardiff.

Once you've had your passport stamped and luggage collected, you'll go through (5) ____________. Some items are strictly (6) ____________. You cannot bring these into the country. There are also some (7) ____________ items, which you must (8) ____________ at customs. Britain does not (9) ____________ the bringing in of any (10) ____________ goods. If you do, you may be forbidden to enter the country and handed over to the police. If you have any concerns about restricted or prohibited items, please use the red lane.

We look forward to welcoming you into Britain and wish you a very pleasant stay.

Speaking outline: *Understanding timelines*

1-44

1）お勧めの旅行先を 1 つ取り上げ、2）旅行の行程を順番に説明し、4）最後にアドバイスをまとめましょう。

1) Introduction	When you travel, I would recommend _______.
2) Timeline	On the first day, _______. For example, _______. Secondly, _______. You should _______. Finally, I would recommend _______.
3) Conclusion	In essence, my advice to you is _______.

UNIT 5

Foreign Encounters

異文化体験について考えよう

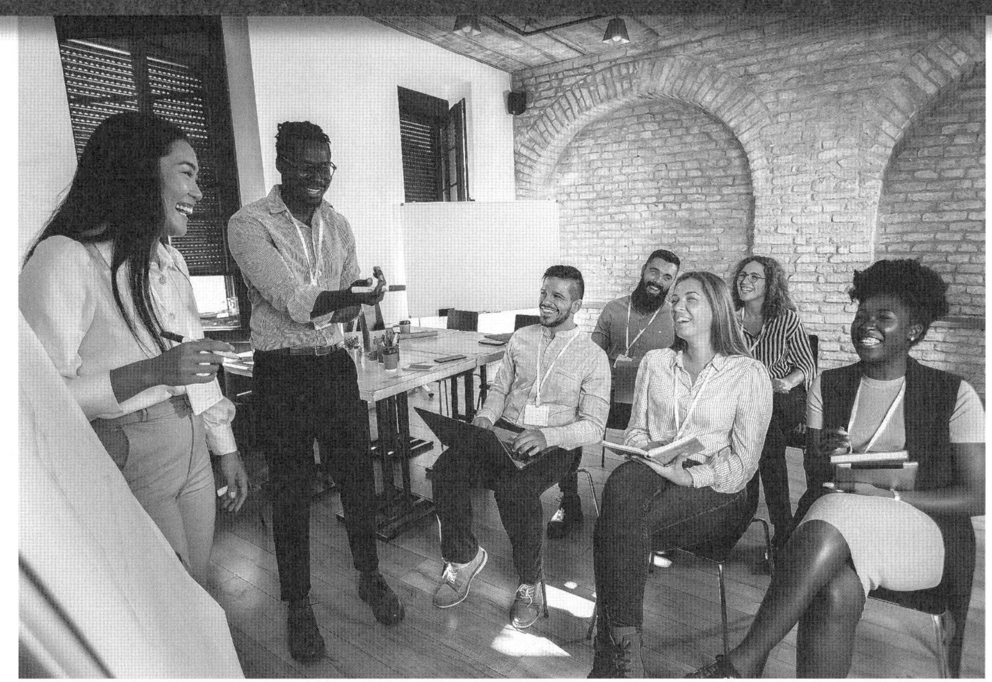

Warm-up: *Share your ideas.*

How do you usually deal with people whose idea is different from yours?

a. Explain your idea to make yourself understood.

b. Respect each other's ideas and stay different.

c. Try to understand them by changing your idea.

d. Do something else (____________________).

I chose answer _____, because...

Words in focus: *Search the internet for words and phrases.*

CD 1-45

- ❑ accent
- ❑ Aussie
- ❑ Australian rules football
- ❑ dialect
- ❑ guess
- ❑ polite
- ❑ soccer
- ❑ standard Japanese
- ❑ unique
- ❑ weird

Dialogue: *Your English is weird!*

1. Listen to each phrase, and guess what the speaker implies.

1-46

1. (　　)
2. (　　)
3. (　　)

(A) What did you say?
(B) I see no improvement in it.
(C) Did you find anything strange?

2. Listen to the conversation and fill in the blanks.

1-47, 48

Ken is studying abroad in New Zealand. His classmate, Ruby, talks to him.

<Scene 1>

Ken: Hey, you, teacher! Oh, she didn't hear me.

Ruby: What? Do you really speak to teachers like that?

Ken: Yeah, we do. (1) ______________________________

Ruby: Well, I think it's better not to say "hey." And we have to use the teacher's name.

Ken: Name? So, I should have said "Excuse me, Miller"?

Ruby: No. (2) ________________ "Ms. Miller" or "Professor Miller" is much more polite. But some of the teachers here let us use their first names.

Ken: Oh, we don't call teachers by their first names in Japan. It's too rude.

<Scene 2>

Ruby: Well, I guess that it's heaps more friendly. But the older professors usually want us to use their last name.

Ken: (3) ____________________________ Heaps?

Ruby: Heaps means "much." We say like "heaps of food."

Ken: Oh, OK. Ruby, shall we get some lunch?

Ruby: I'm kind of chocka right now. I just had a pie.

Ken: You're kind of ... what?

Ruby: Chocka. I mean, I'm full.

3. Listen to the conversation again and choose the best answer to each question. (repeat) CD 1-47, 48

<Scene 1> What is the politest way to address a teacher in New Zealand?

(A) By saying "hey."

(B) With their full name.

(C) With their last name.

(D) With their title and last name.

<Scene 2> What does "chocka" mean?

(A) I'm mean.

(B) I'm full.

(C) I don't like pies.

(D) I'm kind.

4. Listen to scenes 3 to 5, and choose the best answer to each question. CD 1-49, 50, 51

<Scene 3> What does Ken find strange about Ruby's English?

(A) Her grammar and pronunciation.

(B) Her grammar and spelling.

(C) Her vocabulary and pronunciation.

(D) Her vocabulary and spelling.

<Scene 4> Why does Ruby ask Ken where he is from?

(A) Because she was his English teacher.

(B) Because she had never spoken Japanese before.

(C) Because she learned Kansai dialect at school.

(D) Because she noticed his Japanese was different.

<Scene 5> What are Ruby and Ken likely to do the next day?

(A) Go to school together.

(B) Talk to their Japanese teacher.

(C) Talk to their English teacher.

(D) Have lunch together.

Viewpoints

(repeat) CD 1-47, 48, 49, 50, 51

ケンとルビーがお互いの話し方について気づいたことが表れているフレーズをもう一度聞き、書き取りましょう。

<Scene 1> 目上の人に対する呼びかけ	**Ken:** H____, y____, t________! **Ruby:** I th____ it's b_______ n____ to s____ "_____." And we have to u____ the t__________ n______.
<Scene 2> ルビーの英語	**Ken:** Wh______ that w______ you s_____? H_______? **Ruby:** H______ m_______ "m______." **Ken:** You're k_____ of ... wh_____? **Ruby:** Ch________. I m______, I'm f_____!
<Scene 3> 変な英語？	**Ken:** Y_____ E__________ is w________. **Ruby:** That's h_____ we s________ in N_____ Z_________.
<Scene 4> ケンの日本語	**Ruby:** Wh_____ we were t_________ in J__________, you k_____ s________ th_______ I'd n_______ h_______ in my s_________. **Ken:** We have a pretty u_________ a________ in Osaka. Some of the expressions are q______ d__________ f_____ s__________ J_________.
<Scene 5> 母語話者でも話し方は様々	**Ruby:** N____ a____ n________ sp__________ u____ the st__________ l__________. **Ken:** We can l_______ a l____ from e______ o______.

Pronunciation: *Intonation*（抑揚）

CD 1-52

ひとまとまりのフレーズの中での音の高さの変化は、イントネーション（抑揚）と呼ばれます。一般的に、肯定文は下降調、yes-no 疑問文は上昇調、wh 疑問文などは下降調のイントネーションになると言われていますが、文脈によって、さまざまなイントネーションが使われます。<Scene 1> に出てきた以下のフレーズをもう一度聞いて、音の高さの変化を確かめましょう。

- Oh↗, she didn't hear me↘.
- What↗?
- Do you really speak to teachers like that↘?
- What's wrong with that↘?
- Name↗?
- So→, I should have said→"Excuse me, Miller"↗?

Monologue: *What is Aussie Rules Football?*

1. Choose the phrase that is related to each word, and practice reading it out loud. 1-53

1. Aussie	( )	**(a)** a large sports ground
2. buck	( )	**(b)** a US, Australian or New Zealand dollar
3. close	( )	**(c)** foreign countries
4. enjoyable	( )	**(d)** from or connected with Australia
5. hurry	( )	**(e)** giving pleasure
6. mighty	( )	**(f)** having only a small difference
7. oval	( )	**(g)** not together
8. overseas	( )	**(h)** shaped like an egg
9. separately	( )	**(i)** to do something more quickly than usual
10. stadium	( )	**(j)** very strong and powerful

2. Listen to the monologue and choose the best answer to each question.  1-54

1. How many people can play in one team?
(A) Eleven.
(B) Twenty-two.
(C) Eighteen.
(D) Thirty-six.

2. Choose the correct description of the team members.
(A) Boys and girls play together.
(B) Women do not play.
(C) Females and males play separately.
(D) None of the above.

3. Look at the ticket. What time will the gates open?
(A) In the morning.
(B) At 2 o'clock.
(C) At 3 o'clock.
(D) At 4 o'clock.

AUSSIE RULES FOOTBALL
AUFC FINAL
Sept. 28 (Sat) 3 pm
$ 15.00
UofA
U. of Australia
------VS------
Perth U.
Perth

3. Listen again and fill in the blanks with suitable forms of words in the previous page.

You are listening to a broadcast on Australian campus radio. (repeat) CD 1-54

G'day campus. This is a special message for new (1) __________ students. Welcome to University of Australia. Besides studying, would you like to experience some good old-fashioned (2) __________ sporting action? Over here, when we say "football" we're not talking about soccer or that American game. Football means the Australian version. It started right here in Melbourne about 200 years ago. There are over one million players in many countries all around the world. You see 18- that's right, not 11, 18 players each in two teams. They kick, handball or run with an (3) __________-shaped ball. They get points when making it into their goal without being stopped by the other team. It's a simple and exciting game! Here on campus, we have teams of girls and boys. They play (4) __________________ but both are (5) _____________ to watch.

So you want to see them play? The guys' team has made it into the Inter-College Football Tournament Cup final. They will play against the (6) __________ Perth University at the main (7) __________ downtown this coming Saturday afternoon. The gates will open an hour prior to the game. We've still got some tickets left. It should be a (8) __________ game. With your support, we might be able to lift the cup for the twelfth time. Tickets cost just 15 (9) __________ each. They are on sale right now at the club office in the main building on the Sydney Road. Bring your friends, and (10) __________ along before tickets get sold out!

Speaking outline: *Similarities and differences*

CD 1-55

1) 自分が慣れ親しんでいる文化と異なった文化に接して違和感を覚える場面を想定し、2つの文化の 2) 共通点と 3) 相違点を挙げ、4) 最後にその違和感を乗り越えるためにできそうなことを述べて話をまとめましょう。「日本と外国」のような国規模の文化の違いだけでなく、「高校と大学」「部活の先輩と後輩」「アルバイトと正社員」などを想定しても構いません。

1) Introduction	You may feel uncomfortable when you ________ because ________. I would like to focus on the similarities and differences between ________ and ________.
2) Similarity	One thing that ________ and ________ have in common is ________. For example, ________.
3) Difference	On the other hand, they have differences in ________. For example, ________.
4) Conclusion	To overcome this uneasiness, I would recommend you to be aware that ________.

UNIT
6 Entertainment

娯楽について考えよう

Warm-up: *Share your ideas.*

How do you like to spend your free time?

a. Have a relaxing time alone.

b. Spend time only with my close friends.

c. Make friends with a lot of people.

d. Other(s) ____________________.

I chose answer _____, because…

....

....

....

Words in focus: *Search the internet for words and phrases.*

1-56

- ❏ audience
- ❏ cinema
- ❏ competition
- ❏ idol freak
- ❏ in public
- ❏ karaoke booth
- ❏ make a fuss
- ❏ penlight
- ❏ privacy
- ❏ theater, theatre

Dialogue: *Sing for someone, or sing for yourself?*

1. Listen to each phrase, and guess what the speaker implies. 1-57

1. (   )
2. (   )
3. (   )

(A) I felt too uncomfortable to sing.
(B) I'm not very interested in singing.
(C) Would you like to do it?

2. Listen to the conversation and fill in the blanks. 1-58, 59

Mari is talking with Dave, a student from Singapore.

<Scene 1>

Mari: We have about an hour before the movie starts.

Dave: Yes, it's a little early to go into the theatre. What shall we do?

Mari: I see some karaoke booths over there.
(1) ______________________________

Dave: Booth karaoke? (2) ______________________________ in public.

Mari: Why not?

Dave: I need privacy when I sing, to be honest.

<Scene 2>

Mari: But nobody can hear us from outside.

Dave: I don't think so. Actually, I tried it once before.

Mari: And how was it?

Dave: People walking past were stopping to watch me. (3) ______________________________ so I just gave up and left the booth.

Mari: I love it when people get to know me through music.

Dave: Well, you're used to singing in front of lots of people.

3. Listen to the conversation again and choose the best answer to each question. (repeat) CD 1-58, 59

<Scene 1> Where are Mari and Dave now?

(A) In a movie theater.

(B) Near the karaoke booths.

(C) At Mari's home.

(D) At a karaoke center.

<Scene 2> Why doesn't Dave want to go to the booth karaoke?

(A) Because he will feel embarassed.

(B) Because he will feel bored.

(C) Because Mari will feel lonely.

(D) Because Mari will feel disappointed.

4. Listen to scenes 3 to 5, and choose the best answer to each question. CD 1-60, 61, 62

<Scene 3> Why does Mari like *hito-kara*?

(A) Because she feels silly.

(B) Because she can practice new songs.

(C) Because her friends don't like karaoke.

(D) Because the room is small.

<Scene 4> What does Mari suggest?

(A) Keep a private room.

(B) Invite strangers to meet Dave.

(C) Go to a karaoke center after the movie.

(D) Sing to the audience in the cinema.

<Scene 5> What is Mari likely to do tonight?

(A) Take the last train home.

(B) Sing *anime* songs.

(C) Sing in a karaoke booth.

(D) Stay outside all day.

Viewpoints

repeat CD 1-58, 59, 60, 61, 62

マリとデイブのカラオケの楽しみ方の違いが表れているフレーズをもう一度聞き、書き取りましょう。

<Scene 1> カラオケブース	Mari: W____ g____ it a t____? Dave: I n____ pr____ wh____ _ s____, to be h____.
<Scene 2> 人前で歌うこと	Dave: I was too e____ to s____ so I just g____ up and l____ the b____. Mari: I l____ it when p____ g____ t____ k____ m____ th____ m____.
<Scene 3> ひとカラ	Mari: Shall we t____ it a____ the m____? Dave: Isn't it s____ to r____ t____ r____ s____ when we are t____?
<Scene 4> プライバシー	Mari: Oh, I th____ you w____ pr____. Dave: I d____ l____ it when st____ can s____ me s____.
<Scene 5> カラオケオール	Mari: No, but when p____ m____ the l____ t____, they s____ th____ a____ n____. Dave: I m____ be a b____ t____ for that.

Pronunciation: *Linking*（連結）

CD 1-63

通常の発話で人は単語を一つずつ区切って発音しないため、隣り合った単語がつながって連結したり、特定の音が脱落して聞こえなくなったり、隣り合った２つの音が混ざり合って同化したりします。ここでは連結（linking）という現象に注目しましょう。

以下の文では、単語の終わりにある子音と、次の単語の最初にある母音がつながって聞こえます。「 _ 」の記号でつながっている単語の発音を聞いてみましょう。

- We have_about_an_hour before the movie starts.
- Yes, it's_a little_early to go into the theatre.
- Wanna give_it_a try?

Monologue: *Would you like to see an Ota-gay performance?*

1. Choose the phrase that is related to each word, and practice reading it out loud. 1-64

1. accomplish	(　　)	**(a)** a big fan
2. chemical reaction	(　　)	**(b)** a process that changes a substance
3. competition	(　　)	**(c)** can be thrown away after use
4. dedicate	(　　)	**(d)** contest
5. disposable	(　　)	**(e)** a substance like water
6. disturb	(　　)	**(f)** mainly
7. freak	(　　)	**(g)** to achieve
8. liquid	(　　)	**(h)** to give all of your energy, time, etc.
9. make a fuss	(　　)	**(i)** to interrupt
10. primarily	(　　)	**(j)** to show a lot of excitement

2. Listen to the monologue and choose the best answer to each question.  1-65

1. What kind of people is this talk for?

(A) Idol fans.

(B) Performers.

(C) Chemical researchers.

(D) Radio listeners.

2. What is this talk about?

(A) The meaning of *ota-gay*.

(B) Different types of lights.

(C) *Ota-gay* manners.

(D) All of the above.

Chemical Flash 8	**Long-Lasting Stick**
A bundle of 8 different colors! Each color lasts 5 min. ¥1,360	Choose from 12 colors. Lasts: 8-10 hrs ¥160
Super Light (BLUE)	**Colorful Rainbow**
Brightest penlight ever! 3 different sizes. 4 AAA batteries. ¥1,360	Customize your choice of colors! 6 coin batteries. ¥2,400

3. Which items from the graphic are recommended?

(A) Chemical Flash 8 or Super Light.

(B) Chemical Flash 8 or Colorful Rainbow.

(C) Long-Lasting Stick or Super Light.

(D) Long-Lasting Stick or Colorful Rainbow.

3. Listen again and fill in the blanks with suitable forms of words in the previous page.

You are watching a movie clip on a YouTube channel. (repeat) CD 1-65

Hi, guys! Welcome to the *Ota-gay* channel. This video is for all the idol (1) __________ in the world. You got the ticket for your favorite idol's concert? Then it's time to master *ota-gay*.

First of all, for beginners, I'm going to explain what *ota-gay* is. *Ota-gay* is a series of performances we (2) __________ to idols. Recently, there are (3) ____________ for *ota-gay* performances. But don't forget, *ota-gay* should be (4) __________ dedicated to the artists you support.

Next, let me tell you about the essential item, the lights. Mainly, there are two types. One is a (5) __________ chemical light and the other is a penlight. The chemical light glows through (6) ____________________. Just bend the stick to mix the (7) __________ inside. Some of them last several hours, but it's better to get the ones that glow only for a few minutes, long enough for one song. As for the penlight, I'm not talking about the little torches doctors use. The lights that fans use at concerts are called penlights in Japanese English. Make sure to get the one that lets you change its color.

Finally, two things I want you to remember. First: don't try to stand out. It's not your solo performance that your idol wants to see, but the fans working together to (8) __________ this mission. Second: care for other audience members. Some of them may feel that we are simply (9) ______________ without seeing the artist. Do not (10) __________ those who want to enjoy the show quietly.

Now you are ready. If you like this video don't forget to click the "like" button!

Speaking outline: *Categorization*

CD 1-66

1) 身の回りにある娯楽活動をできるだけ多くリストアップしましょう。それらはどのような人に向いている活動ですか？2)「このような人にはこの活動がお勧め」のように、リストアップした活動をいくつかに分類して紹介し、3) 最後に話をまとめましょう。

1) Introduction	There are lots of fun entertainment activities around us. However, some people enjoy ________, but others feel ________. I will introduce some activities for each of these types of people.
2) Categorization	First, if you ________, I would recommend ________, ________, and ________. I am sure you would enjoy ________. Secondly, if you ________, try ________, ________, and ________. These are activities that will allow you to ________. Finally, if you ________.
3) Conclusion	In sum, there are different types of entertainment activities. Some of them are for ________, and others are for ________. Also, there are activities for ________. Which one would you like to try?

UNIT 7

International Affairs

国際情勢について考えよう

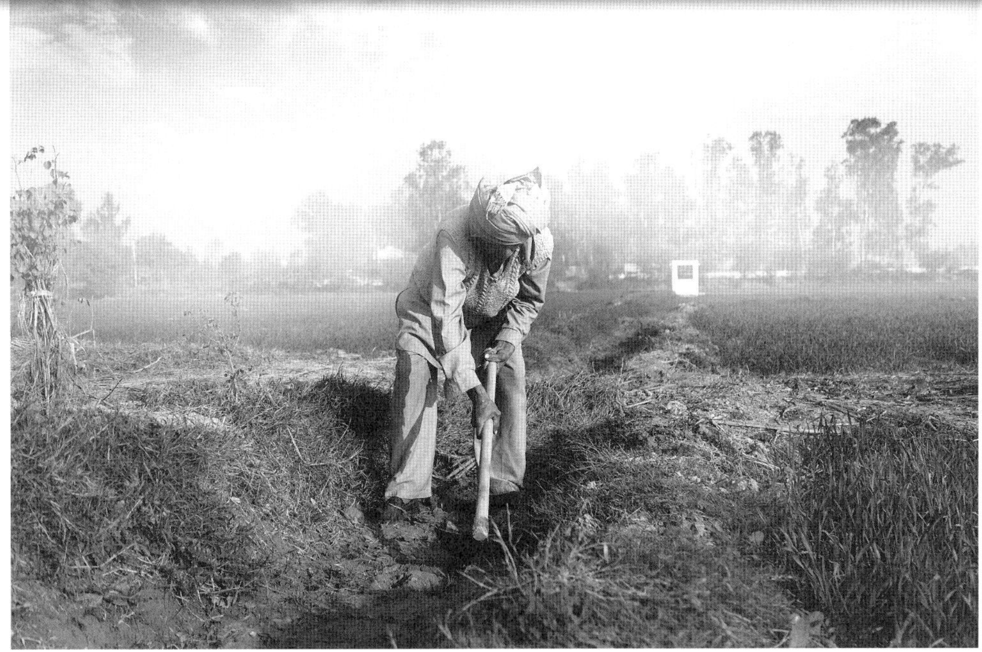

Warm-up: *Share your ideas.*

Which of these recent international affairs are you most concerned about?

a. climate change.

b. the COVID-19 pandemic.

c. the situation in Ukraine.

d. other(s) __________.

I chose answer _____, because...

Words in focus: *Search the internet for words and phrases.*

 2-01

- ❑ Act East Policy
- ❑ chemical fertilizer
- ❑ domestic
- ❑ financial support
- ❑ Green Revolution
- ❑ HYV seeds
- ❑ joint venture
- ❑ ODA
- ❑ prime minister
- ❑ strategic partner

Dialogue: *What was the Green Revolution?*

1. Listen to each phrase, and guess what the speaker implies. 2-02

1. ( )
2. ( )
3. ( )

(A) It was good for rich people.
(B) There was a lack of food in one area.
(C) India's wheat self-sufficiency rate is high.

2. Listen to the conversation and fill in the blanks. 2-03, 04

Ken is in an Indian restaurant with Asha, an international student from India.

<Scene 1>

Ken: This naan is good! You guys are lucky. (1) ______________________________

Asha: Why do you say so?

Ken: I read an article about the Green Revolution. It saved people in India from starvation.

Asha: But my mother told me (2) ______________________________ at that time.

Ken: Oh? The Green Revolution brought self-sustainability to India, right?

Asha: Well, it was true in some parts of India.

<Scene 2>

Ken: You mean not all the people were happy then?

Asha: (3) ______________________________ They could afford to buy private tube-wells.

Ken: Tube-wells?

Asha: The farmers pump water from underground using tube-wells.

Ken: I see. They need water for farming.

Asha: Yes. But poorer farmers couldn't afford them until the 1980s.

3. Listen to the conversation again and choose the best answer to each question.   2-03, 04

<Scene 1> What does Asha suggest about the Green Revolution?

(A) Indians are lucky because they have a lot of wheat.

(B) The revolution saved her mother's life.

(C) The revolution was not necessarily successful.

(D) India's farming business is sustainable.

<Scene 2> What were private tube-wells used for?

(A) To provide enough drinking water.

(B) To help poorer farmers.

(C) To bring water above ground for farming.

(D) To feed livestock.

4. Listen to scenes 3 to 5, and choose the best answer to each question. 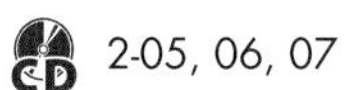 2-05, 06, 07

<Scene 3> What does Ken think is a problem?

(A) The economic disparity became larger among farmers.

(B) Farmers exported HYV seeds.

(C) He didn't remember what HYV stands for.

(D) He wanted to work in the import industry.

<Scene 4> How does Asha describe the High Yielding Variety seeds?

(A) India kept exporting those seeds.

(B) Chemical fertilizers are necessary to grow those varieties.

(C) Farmers can avoid using pesticides when growing those varieties.

(D) Farmers in India rarely use those seeds.

<Scene 5> According to Asha, what were the effects of the Green Revolution?

(A) Fewer domestic seeds and fewer imported pesticides.

(B) Fewer domestic seeds and more imported pesticides.

(C) More domestic seeds and fewer imported pesticides.

(D) More domestic seeds and more imported pesticides.

Viewpoints

(repeat) CD 2-03, 04, 05, 06, 07

「緑の革命」がインドにもたらした結果について、ケンとアシャの考え方が表われているフレーズをもう一度聞き、書き取りましょう。

<Scene 1> 食料自給率	Ken: The G____ R____ br____ s____- s____ to I____, r____? Asha: Well, it was t____ in s____ p____ o__ I____.
<Scene 2> 貧富の格差	Ken: You m____ n____ a____ the p____ were h____ then? Asha: But p____ f____ c____ a____ them u____ the ____s.
<Scene 3> HYV 種	Ken: They are the t____ of s____ that b____ b____ h____. Asha: But I____ n____ to k____ i____ th____ s____.
<Scene 4> 化学肥料と農薬	Asha: Also, f____ have to b____ a lot of ch____ f____ and p____ to grow those v____. Ken: Those are n____ g____ for people's h____ or the l____.
<Scene 5> 病虫害	Asha: Well, it's e____ f____ ____ s____ t____ c____ d____. Ken: Then f____ n____ to s____ e____ m____ p____.

Pronunciation: *Weak form*（弱形）

CD 2-08

文の中で強勢が置かれない語が弱形で発音されると、聞き取りにくくなります。

以下の文で、［各括弧］で示した助動詞や機能語が弱形で発音されていることを確認しましょう。

- You [can] get a lot [of] wheat in India.
  [can] 強 /kæn/ 弱 /k(ə)n/ [of] 強 /ʌv, ɑ(:)v/ 弱 /əv/

- Wealthy farmers [must] [have] [been] happy.
  [must] 強 /mʌst/ 弱 /məs(t)/ [have] 強 /hæv/ 弱 /həv, əv, v/ [been] 強 /bi:n/ 弱形 /bɪn/

- The farmers pump water [from] underground using tube-wells.
  [from] 強 /frʌm, frɑ(:)m/ 弱 /frəm/

Monologue: *How are relations between Japan and India?*

1. Choose the phrase that is related to each word, and practice reading it out loud.

 2-09

1. compete ( )
2. construct ( )
3. diplomatically ( )
4. economically ( )
5. prime minister ( )
6. metro ( )
7. neighbor, neighbour ( )
8. strategic ( )
9. transportation ( )
10. venture ( )

(a) in a way that relates to an economy
(b) a business project or activity
(c) a country that is next to or near another country
(d) a system for carrying people or goods
(e) an underground train system
(f) a top leader of a country
(g) connected with relations between countries
(h) related to plans to reach a goal
(i) to build or make something
(j) to try to be more successful than somebody else

2. Listen to the monologue and choose the best answer to each question.

2-10

1. Why does the speaker introduce the name "Suzuki"?
(A) Because it shows that some Indian people like Japanese names.
(B) Because it shows that some Indian companies have close ties with Japan.
(C) Because a man called Suzuki set up the company.
(D) Because many people in India use it as a family name.

2. What can be inferred about the Delhi Metro?
(A) It covers a short distance.
(B) Only rich people can ride on the train.
(C) It was constructed quickly.
(D) The Japanese government paid some of the construction cost.

3. Look at the graphic. Where did India rank in 2019?
(A) A
(B) B
(C) C
(D) D

These are the world's largest economies
GDP, current prices-US Dollars

2010	2019
1 United States	United States
2 China	A
3 Japan	Japan
4 Germany	Germany
5 France	B
6 United Kingdom	United Kingdom
7 Brazil	C
8 Italy	Italy
9 India	D
10 Russian Federation	Canada

Source: IMF World Economic Outlook, October 2019

3. Listen again and fill in the blanks with suitable forms of words in the previous page.

You are watching an Indian educational kids channel. (repeat) CD 2-10

Welcome to the *Indian Kids Channel.* Today, we are going to talk about our relationship with Japan. Japan has recently become an important (1) __________ partner of India. This is important for us not only (2) ____________ but also (3) _______________. Now, we will start with three questions to show you how close you are to Japan.

Question one. Have you ever heard of the name "Suzuki"? Suzuki is a common family name in Japan. You may also know the car company, Maruti Suzuki India. They make about half of the cars in India. In fact, this company was a joint (4) __________ of the Indian and Japanese companies.

Question two. Have you ever used the Delhi (5) __________? It has a network of about 289 km with 285 stations. So, it's a world-class (6) ____________ system. What does it have to do with Japan? The metro was (7) ____________ with financial support from the Official Development Assistance of Japan.

Question three. Have you ever heard of the Act East Policy? It's India's policy to build relationships with Asian nations, including Japan. One reason for this is to (8) __________ with our (9) ____________, China. In 2010, India had the 9th largest economy in the world. But in 2019, it was in 5th place! This created more pressure for us to compete with China.

The Japanese (10) ____________________ visited India in 2017. India and Japan promised to work together to make everyone, including China, follow the rules of our international society. Recently, both governments have encouraged stronger ties between their people. Don't you want to know more about Japan?

Speaking outline: *Sequencing*

CD 2-11

1) 国際情勢に関する事象を 1 つ取り上げ、2) そのことがらがどのようにして起こり、どのような過程を経て現在に至るのか、順序だてて説明し、3) 最後に全体の流れをまとめましょう。

1) Introduction	I did some research on ________. In this presentation, I will show you how it has changed to this day.
2) Sequence	In the beginning, ________. After that, ________. Later, ________. At the moment, ________.
3) Conclusion	In summary, there were ________ phases in ________. In the future, I think ________.

UNIT 8

Technology

身近にある科学技術について考えよう

Warm-up: *Share your ideas.*

Which of these recent innovations are you most familiar with?

a. Genetic engineering.

b. Artificial intelligence.

c. Renewable energy.

d. Other(s) __________.

I chose answer _____, because...

Words in focus: *Search the internet for words and phrases.*

CD 2-12

- ❑ 2.5 dimensional musical
- ❑ internship
- ❑ messenger app
- ❑ online activities
- ❑ potential
- ❑ projection mapping
- ❑ snail-mail letter
- ❑ sound engineering
- ❑ special effects
- ❑ stage performance

Dialogue: *I will write to you.*

1. Listen to each phrase, and guess what the speaker implies.

CD 2-13

1. (　　)
2. (　　)
3. (　　)

(A) Don't get emotional.
(B) You can get them anytime.
(C) I don't want you to leave.

2. Listen to the conversation and fill in the blanks.

Mari is talking with Ivan, an exchange student from Russia.

<Scene 1>

Mari: Ivan, I can't believe you have to go back to Russia tomorrow.

Ivan: Me neither. I will never forget the two months I spent with you this summer.

Mari: (1) ______________________, Ivan. We went to various places.

Ivan: And we took a lot of photos together.

Mari: Yes. Do you remember this one from two weeks ago?

Ivan: Oh yes, but wait! I can't find it in my album.

Mari: All right, I'll send it to you right now. Oh, sorry, it was actually from a month ago.

<Scene 2>

Ivan: OK, I got it, thanks. I want to save all the photos I took this summer.

Mari: Well, (2) ____

Ivan: Actually, I can't access this messenger app in Russia.

Mari: Why? This app is useful for communication within our group. You didn't like it?

Ivan: (3) ___________________________, Mari. It's the law.

Mari: Our summer photos have nothing illegal in them.

Ivan: I know, but online activities are sometimes restricted by the government.

3. Listen to the conversation again and choose the best answer to each question. (repeat) CD 2-14, 15

<Scene 1> According to Mari, when was the photo taken?

(A) Last week.

(B) Two weeks ago.

(C) Last month.

(D) Two months ago.

<Scene 2> Why does Ivan want to save all the photos?

(A) Because the photos were taken in Russia.

(B) Because Mari will send them to him later.

(C) Because Ivan cannot use the app in his country.

(D) Because Ivan will send them to the government.

4. Listen to scenes 3 to 5, and choose the best answer to each question. CD 2-16, 17, 18

<Scene 3> What does Mari suggest Ivan do so he can access the messenger app?

(A) Find a government website.

(B) Strengthen his Wi-Fi connection.

(C) Make it a rule to check the website.

(D) Find a different method of access.

<Scene 4> What does Mari mean when she says, “snail-mail letters”?

(A) Letters sent through a postal system.

(B) Letters delivered quickly.

(C) Letters delivered by snails.

(D) Letters written with an online app.

<Scene 5> What will Ivan do when he goes back to Russia?

(A) Write a letter using a new app.

(B) Quit going to school in Russia.

(C) Start preparing to come back to Japan.

(D) Send an internship student to Russia.

Viewpoints

(repeat) CD 2-14, 15, 16, 17, 18

イヴァンとマリの会話の中から、通信アプリと郵送の手紙それぞれの特徴が表れているフレーズをもう一度聞き、書き取りましょう。

<Scene 1> 写メ	**Ivan:** And we t_____ _ l___ o_ ph_______ t__________. **Mari:** All right, I'll s_____ it to you r______ n____.
<Scene 2> 通信規制	**Mari:** This a____ is u_______ f___ c_______________ w_______ o___ gr_____. **Ivan:** I know, but o_______ a___________ are s____________ r___________ by the g_____________.
<Scene 3> 通信の抜け道	**Mari:** It says you can s_____ u____ the a____ when you a________ the w____ in a c________ w____. **Ivan:** I d_____ w_____ to do a__________ i________.
<Scene 4> 手紙	**Ivan:** It's s_____, but b_________ it's s_____, it will be m______ m____________. **Mari:** It's k____ of r__________, too.
<Scene 5> 手書きの文字	**Ivan:** I'll h______-_______ so you can t____ h____ I f____.

Pronunciation: *Dropping*（脱落）

CD 2-19

通常、全ての音を発音して話すわけではないので、文字に示されている音が全て聞こえるとは限りません。ここでは子音が脱落して聞こえなくなる現象に注目しましょう。

特に、/p, t, k, b, d, g/ のような閉鎖音が子音の間に挟まれたときや、似た音がつながったときに脱落しやすくなります。以下の文では、(カッコ)で示されている音が聞こえなくなっています。発音を聞いてみましょう。

- Ivan, I can('t) believe you have to go ba(ck) to Russia tomorrow.
- I will never forge(t) the two months I spen(t) with you thi(s) summer.
- We wen(t) to various places.
- You didn('t) like it?

Monologue: *Learning technology in Japan*

1. Choose the phrase that is related to each word, and practice reading it out loud. 2-20

1. classical	( )	**(a)** a division of a school
2. contribution	( )	**(b)** a type of Japanese anime musical
3. department	( )	**(c)** extraordinarily good or attractive
4. fantastic	( )	**(d)** a student studying in a graduate school
5. potential	( )	**(e)** the act of giving something
6. projection mapping	( )	**(f)** the possibility of being developed
7. recommend	( )	**(g)** ways of recording and producing sound
8. graduate student	( )	**(h)** to suggest that something would be good
9. sound engineering	( )	**(i)** traditional in style
10. 2.5 dimensional musical	( )	**(j)** a technique to display videos onto any surface

2. Listen to the monologue and choose the best answer to each question. 2-21

1. What can be inferred about 2.5 dimensional musicals?

(A) They are popular in Japan and Russia.

(B) They are based on true events.

(C) They use lots of excellent actors.

(D) They use lots of technology.

2. What does Ivan want to do in the future?

(A) Invite Japanese students to Russia.

(B) Perform a musical on stage.

(C) Contribute to Russian classical arts.

(D) Become a ballet dancer.

3. Look at the chart. Which course is NOT likely to suit Ivan's interests?

(A) LX205.

(B) GH735.

(C) UE356.

(D) NW462.

College A: List of courses for FY 20xx	
LX205	Audio Engineering 101
GH735	Introduction to Songwriting
UE356	History of Special Effects
NW462	Artificial Intelligence and Music

3. Listen again and fill in the blanks with suitable forms of words in the previous page.

Ivan leaves a message on Ken's mobile phone. (repeat) CD 2-21

Hello, Ken. I wanted to talk to you directly before I leave Japan. But you seem to be busy now, so I'm leaving this message. Thanks for the time we spent together this summer. Especially I remember the concert we went to together; the (1) ______________________. Japanese anime is very popular in Russia, but everything at the concert was new to me. The music, (2) __________________, and special effects were (3) ____________.

Now, I am seriously planning to come back to Japan as a (4) __________________. When I saw the musical with you, I thought that was it! I want to study (5) ______________ in Japan. I think it's best to study at a graduate school that has a (6) _________ of engineering. After graduating, I want to make a (7) ____________ to Russian stage performances. As you know, Russia is famous for (8) _________ ballet and opera. I want to bring back the new technology to Russian classical arts. I think there is a great (9) _________ in the market, and technology will help to greatly develop the performances.

When you hear this message, could you give me a call back? At the moment, I need your advice on which university to contact. When I checked online, I found many graduate schools that offer engineering courses. Is there any course you (10) _________? Also, if you know anybody in this field, could you introduce them to me? I'll be up all night, so please ring me anytime you are free. Talk to you later, bye!

Speaking outline: *Comparison and contrast*

CD 2-22

1) 科学技術の進歩によって生まれたツールを1つ取り上げ、2, 3) そのツールが普及する前と後の生活を比べてみましょう。4) 最後に比較した内容を簡単にまとめましょう。

1) Introduction	I would like to talk about _______ as an example of new technology.
2) Comparison 1	Before this tool became common, people used to _______. Compared to those days, now we _______.
3) Comparison 2	Another thing that has changed is _______. For example, _______.
4) Conclusion	In short, _______ has changed our lives in terms of _______.

UNIT 9

My Future

自分の将来について考えよう

Warm-up: *Share your ideas.*

Where do you want to work in the future?

a. In Japan.

b. In a foreign country.

c. Both in Japan and abroad.

d. It doesn't matter.

I chose answer _____, because...

Words in focus: *Search the internet for words and phrases.*

 2-23

- ❑ annual leave
- ❑ appeal
- ❑ employee
- ❑ English proficiency
- ❑ enrich
- ❑ know-how
- ❑ productivity
- ❑ vacation
- ❑ work overtime
- ❑ worthwhile

Dialogue: *Don't you need time to refresh yourself?*

1. Listen to each phrase, and guess what the speaker implies. 2-24

1. (　　　)
2. (　　　)
3. (　　　)

(A) Some people do, and others don't.
(B) You are right.
(C) Why is that?

2. Listen to the conversation and fill in the blanks. 2-25, 26

Ken is talking with Sofia, an exchange student from Brazil.

<Scene 1>

Ken: Sofia, what are your plans after graduation?

Sofia: I'm thinking about working in Japan. I know the Japanese are very hard-working. Do they work all day long?

Ken: (1) ______________________ But as you know, Japanese people usually work overtime.

Sofia: How about annual leave?

Ken: I think most Japanese companies do offer paid annual leave. But I wouldn't take a vacation for over a week even if I work for a Japanese company.

Sofia: (2) ______________________ You don't need time to refresh yourself?

<Scene 2>

Ken: Well, I would feel guilty about being absent. My co-workers will have to do my jobs instead.

Sofia: That's not for me. In Brazil, the vacation period is typically taken over 10 days.

Ken: Wow, Incredible! Don't you think you'll miss your job while you are away?

Sofia: I think having holidays may help keep productivity levels high.

Ken: (3) ____________________________ Where did you get that idea about productivity?

Sofia: Maybe I have different values from Japanese employees.

3. Listen to the conversation again and choose the best answer to each question.  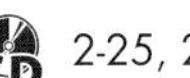 2-25, 26

<Scene 1> What is Sofia going to do after graduating from university?

(A) Start her own business.

(B) Work in a country different from her own.

(C) Find a job in her own country.

(D) She hasn't decided yet.

<Scene 2> Why was Ken surprised?

(A) Because Sofia travelled to a beach.

(B) Because Sofia is never late to work.

(C) Because people in Brazil can take a long vacation.

(D) Because people in Brazil don't take vacations.

4. Listen to scenes 3 to 5, and choose the best answer to each question. 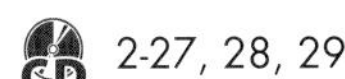

<Scene 3> According to Ken, what is essential for Japanese employees?

(A) To emphasize company interests.

(B) To accept different values.

(C) To put personal preferences first.

(D) To keep their own lifestyles.

<Scene 4> Which of the following does Ken NOT mention?

(A) He wants to export Japanese products.

(B) He wants to inherit his parents' business.

(C) He wants to make decisions himself.

(D) He wants to run his own business.

<Scene 5> What will Ken do next?

(A) Attend an English class.

(B) Join a club activity.

(C) Go to a seminar.

(D) Start running.

Viewpoints

repeat CD 2-25, 26, 27, 28, 29

ケンとソフィアの仕事に対する考え方が表れているフレーズをもう一度聞き、書き取りましょう。

<Scene 1> 休暇	Ken: But I w______ t______ a v______ for o______ a w______ even if I w______ for a J______ c______. Sofia: You d______ n______ t______ to r______ yourself?
<Scene 2> 罪悪感？ 効率？	Ken: Well, I w______ f______ g______ a______ b______ a______. Sofia: I think h______ h______ m______ h______ k______ pr______ l______ h______.
<Scene 3> 社員の自由と 会社の利益	Ken: Yes, one i______ v______ among J______ e______ is n______ to p______ p______ pr______ over c______ i______. Sofia: No w______ they are so h______-w______.
<Scene 4> 自営業	Ken: Well, by r______ a b______, I can d______ e______ on my o______. Sofia: You n______ to c______ with your b______ p______.
<Scene 5> 自分に合った 職場	Ken: Well, I'm g______ to a b______ s______ in a f______ m______. Sofia: I h______ we can f______ j______ to s______ our w______ s______.

Pronunciation: *Assimilation*（同化）*1*

CD 2-30

隣り合った音同士が影響を及ぼしあい、ひとつの単語のみで発音した場合とは異なった音で発音される現象は、音の同化と呼ばれます。

ここでは前後の音が混ざり合って別の音に変化する「相互同化」に注目しましょう。特に /t/, /d/, /s/, /z/ に /j/ が続くときに 2 つの音が混ざり合って /tʃ/, /dʒ/, /ʃ/, /ʒ/ に変化しやすくなります。以下の文で、下線で示されている音を聞いてみましょう。

- But as you know, Japanese people usually work overtime.
  /z/ + /j/ → /ʒ/
- Don't you think you'll miss your job while you are away?
  /t/ + /j/ → /tʃ/　　/s/ + /j/ → /ʃ/
- Where did you get that idea about productivity?
  /d/ + /j/ → /dʒ/

Monologue: *Dear future me,…*

1. Choose the phrase that is related to each word, and practice reading it out loud. 2-31

1. communicative	( )	**(a)** being able to cope with people comfortably
2. current issues	( )	**(b)** large in amount or size
3. enrich	( )	**(c)** subjects discussed at the present time
4. essential	( )	**(d)** the ability to do something well
5. export	( )	**(e)** to improve the quality of something
6. extensive	( )	**(f)** to manage several things at the same time
7. juggle	( )	**(g)** to sell goods to another country
8. proficiency	( )	**(h)** useful and enjoyable
9. sociable	( )	**(i)** necessary and very important
10. worthwhile	( )	**(j)** willing to talk to people

2. Listen to the monologue and choose the best answer to each question. 2-32

1. Who is this letter for?

(A) A university professor.

(B) A manager in a trading company.

(C) Ken's friends on campus.

(D) Ken in the future.

2. Which of the following is Ken's short-term goal?

(A) To start living alone.

(B) To study current issues.

(C) To get a high TOEIC® score by December.

(D) To win a prize in tennis.

3. Look at the schedule for the business seminar. What can a participant do on weekends?

(A) Learn business manners.

(B) Learn oral communication.

(C) Learn critical thinking.

(D) There is no seminar.

Business Seminar for College Students		
Business etiquette	Oral communication	Critical thinking
Monday-Friday	Monday & Wednesday	Tuesday & Thursday
8:00-9:30	17:00-18:30	17:00-18:30

3. Listen again and fill in the blanks with suitable forms of words in the previous page.

Ken is reading a letter to himself in the future. (repeat)  2-32

October 23, 2022

Dear Future Me,

Hello, Ken, how are you? I'm writing this letter to see how you are doing. Besides taking many courses, I started living alone and doing a part-time job. I know it is difficult to (1) __________ those things, but it is definitely (2) ________________. As you know, I took economics as my major because I wanted to set up a trading company which (3) __________ Japanese products overseas. In order to make this dream come true, I need to set some goals. Now, I have three questions to ask you.

First, are you (4) __________ your knowledge of business? A successful business person is required to have (5) __________ knowledge. As long-term goals, I have to study a lot of things such as management, business laws, and (6) ______________, before graduation. I have to go to the library and attend some seminars to increase my business know-how and knowledge in different areas.

Second, has your English been improving? English (7) ________________ is (8) ________________ for running my business. I should set some short-term goals for this year. One goal is to get an 800 in the TOEIC® test this December. I have decided to study English vocabulary and grammar for two hours a day.

Third, have you made a lot of friends? In order to make friends, I should be more (9) __________ and (10) _____________. Joining a tennis club will be a good way to meet different kinds of people. I promise you I'll try my best to make my university life wonderful. Enjoy your new life!

Best,
Ken

Speaking outline: *Main idea and details (2)*

2-33

今から 20 年後、自分がどうありたいかを想像しましょう。1) そのために今から 1 年の間にしておくべきことを 3 つ取り上げ、2) それを具体的に説明し、3) 1 年後の自分に語りかけるつもりで手紙を書き、朗読しましょう。

1) Main idea	Hello, ________. Do you remember that you wanted to be ________ in the future? There were three things you promised yourself to do.
2) Details	First, ________. Second, ________. Third, ________.
3) Your opinion	I hope you have achieved all these goals. If not, ________.

UNIT 10 Personal Finance

お金の管理について考えよう

Warm-up: *Share your ideas.*

Which payment method do you prefer when traveling abroad?

a. Cash payment.

b. Credit card payment.

c. Debit card payment.

d. Mobile payment.

I chose answer _____, because...

Words in focus: *Search the internet for words and phrases.*

CD 2-34

- ❏ bank account
- ❏ cashless system
- ❏ debit card
- ❏ draw money
- ❏ guarantee
- ❏ pay off the balance
- ❏ pension system
- ❏ revolving payment
- ❏ rewards program
- ❏ savings account

Dialogue: *Cash or credit, or something else?*

EC

1. Listen to each phrase, and guess what the speaker implies. 2-35

1. (   )
2. (   )
3. (   )

(A) Which payment method is better?
(B) You cannot always use credit cards.
(C) Have you been there before?

2. Listen to the conversation and fill in the blanks. 2-36, 37

Mari is talking with Eric, a student from China.

<Scene 1>

Mari: Hey, Eric! I'm visiting China next month.

Eric: Great! (1) ______________________________

Mari: Yes, and I need your help.

Eric: Sure, you can ask me anything you like.

Mari: Thanks. (2) ____

Eric: Well, I recommend mobile payment instead of using cash or credit cards.

Mari: Mobile payment?

Eric: Yes. You can make a payment using your smartphone.

Mari: Oh, I see. By scanning a QR code on my smartphone.

Eric: That's right.

<Scene 2>

Mari: But I prefer to use my credit card since I'm used to it.

Eric: I understand, but (3) ______________________________________

Mari: Also, I can earn points with my purchases on the rewards program.

Eric: Mari, you can't earn the points when you can't use the card.

Mari: That's true.

Eric: You can't enjoy shopping when your card isn't accepted.

Mari: I see. I didn't know that mobile payments are so widespread in China.

3. Listen to the conversation again and choose the best answer to each question. (repeat) CD 2-36, 37

<Scene 1> What does Eric recommend that Mari use?

(A) Cash.

(B) Credit cards.

(C) Debit cards.

(D) Mobile payment.

<Scene 2> Which is NOT a reason for Mari to use her credit card?

(A) She needs to exchange cash.

(B) She wants to use her rewards program.

(C) She gains a lot of points shopping.

(D) She feels comfortable using it.

4. Listen to scenes 3 to 5, and choose the best answer to each question. CD 2-38, 39, 40

<Scene 3> According to Eric, what proportion of sales transactions in China is made by smartphones?

(A) About 10%.

(B) Less than 50%.

(C) More than 50%.

(D) None of the above.

<Scene 4> According to Eric, which of the following is true?

(A) Credit cards are used most frequently in China.

(B) Credit card payments are the same as mobile payments.

(C) You pay for your purchase right away with debit cards.

(D) You pay more than the original price with debit cards.

<Scene 5> What does Mari do when she uses her credit card?

(A) She chooses revolving payment.

(B) She pays extra interest.

(C) She pays in full.

(D) She finds somebody to pay for her.

Viewpoints

マリとエリックは、様々な決済方法について話していました。それぞれの特徴が表れているフレーズをもう一度聞き、書き取りましょう。

<Scene 1> QR コード決済	Eric: You can m____ __ p____ u____ y____ s____. Mari: By sc____ __ ____ c____ on my s____.
<Scene 2> カード決済	Mari: Also, I can e____ p____ w____ ____ p____ ____ ____ r____ pr____. Eric: You c____ e____ sh____ wh____ y____ c____ i____ a____.
<Scene 3> 中国での 取り組み	Eric: The Ch____ g____ has been pr____ a c____ s____ for y____. Eric: You can u____ it e____ at f____ v____ in the s____.
<Scene 4> デビットカード	Eric: Debit cards dr____ m____ fr____ ____ c____ h____ b____ a____ i____. Mari: So, the t____ of the p____ is d____.
<Scene 5> リボ払い	Eric: Also, if you ch____ r____ p____ by c____ c____, you will p____ m____ than the p____ p____. Mari: I n____ ch____ r____ p____ because I d____ w____ to p____ i____.

Pronunciation: *Assimilation*（同化）2

CD 2-41

特定の 2 つの音が前後に並んだときに、前の音が直後の音の影響を受ける現象は逆行同化、後の音が直前の音の影響を受ける現象は順行同化と呼ばれます。下線で示されている音を聞いてみましょう。

- But I prefer to use my credit card since I'm used to it.
  /juːzd tu/ → /juːst tu/（逆行同化）

- Also, I can earn points with my purchases on the rewards program.
  /ɔn ðə/ → /ɔn nə/（順行同化）

Monologue: *Who will support you in the future?*

1. Choose the phrase that is related to each word, and practice reading it out loud. 2-42

1. fund	(　　)	**(a)** a commonly believed but false idea
2. eligible	(　　)	**(b)** a new plan or process to achieve something
3. decent	(　　)	**(c)** a period of time
4. era	(　　)	**(d)** an account in a bank
5. financially	(　　)	**(e)** in a way that relates to money
6. guarantee	(　　)	**(f)** money saved or made available for a particular purpose
7. initiative	(　　)	**(g)** having the right to do or be something
8. myth	(　　)	**(h)** satisfactory, or reasonable
9. participate	(　　)	**(i)** to become involved in an activity
10. savings account	(　　)	**(j)** to promise that something will happen

2. Listen to the monologue and choose the best answer to each question. 2-43

1. According to the passage, why were people in the old days lucky?

(A) Because they were able to work past the age of 60.

(B) Because they didn't have to take care of their babies.

(C) Because they could benefit from the pension system.

(D) Because they were able to pay more pensions.

2. What is the "myth" of the pension system?

(A) You need to pay the money for a long time.

(B) Your current contribution supports your future.

(C) You need to sell a ticket to receive the pension.

(D) Your current contribution supports the older generation.

3. Look at the figure. Which population age distribution would be ideal for the pension system?

(A) A

(B) B

(C) C

(D) None of the above.

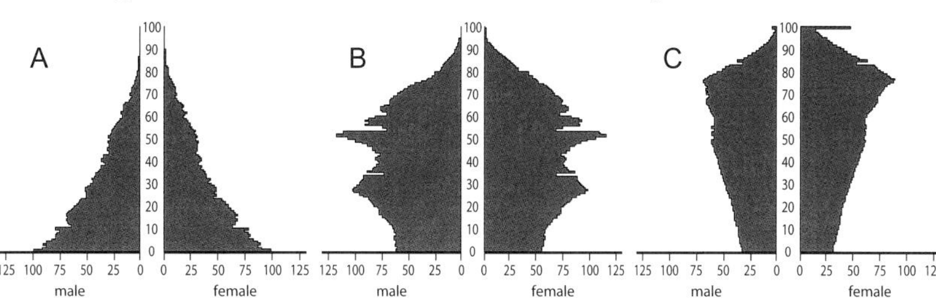

3. Listen again and fill in the blanks with suitable forms of words in the previous page.

You are watching a movie clip about personal finance. (repeat) CD 2-43

Hello, thank you for listening to "The Argument of the Day." Today's topic is the public pension system.

In the old days, people generally retired from their jobs at the age of 60 and started enjoying their new lives. These people, who retired when baby boomers reached working age, were (1) ____________ stable because the government had enough (2) __________ for the pension system. They were lucky, weren't they? Unfortunately, this happy (3) __________ has not continued. The government now is struggling with a lack of funds for the pension plan. The argument of the day is if the government should build a stronger public pension system to prepare for the aging society.

The (4) __________ of the pension system is that if you (5) ____________ in the system for a certain period, you will be (6) __________ to receive a (7) __________ amount of money for your retirement. However, this is wrong. Your participation is only a ticket to access the pension system, yet it does not (8) ____________ a particular amount. Did you know that your current contribution funds your grandparents' generation at this moment? This is not like a (9) ____________________. The contribution is not saved for your future. What a surprise!

The truth of the public pension system is that seniors are supported by the younger generations. The system will be successful if there is a larger population of younger people than older ones. If not, it will fail. What will happen when Generation Z reaches retirement age? Will we have enough people to support Generation Z? Don't you think it is time for the government to take the (10) ____________ to establish a strong pension system for all citizens to maintain their quality of life? Leave a comment.

Speaking outline: *Inference (1)*

CD 2-44

1) あなたの手元に今1億円の現金があったら、どのように使いますか／運用しますか？ 2、3) 2つのパターンを想定して、説明し、4) 最後に話をまとめましょう。

1) Premise	If I had 100 million yen in cash, I would _______.
2) Inference 1	I would spend _______ yen on _______ because _______.
3) Inference 2	At the same time, I would invest _______ yen in _______ because _______.
4) Conclusion	In either case, _______.

UNIT 11 Health

心と体の健康について考えよう

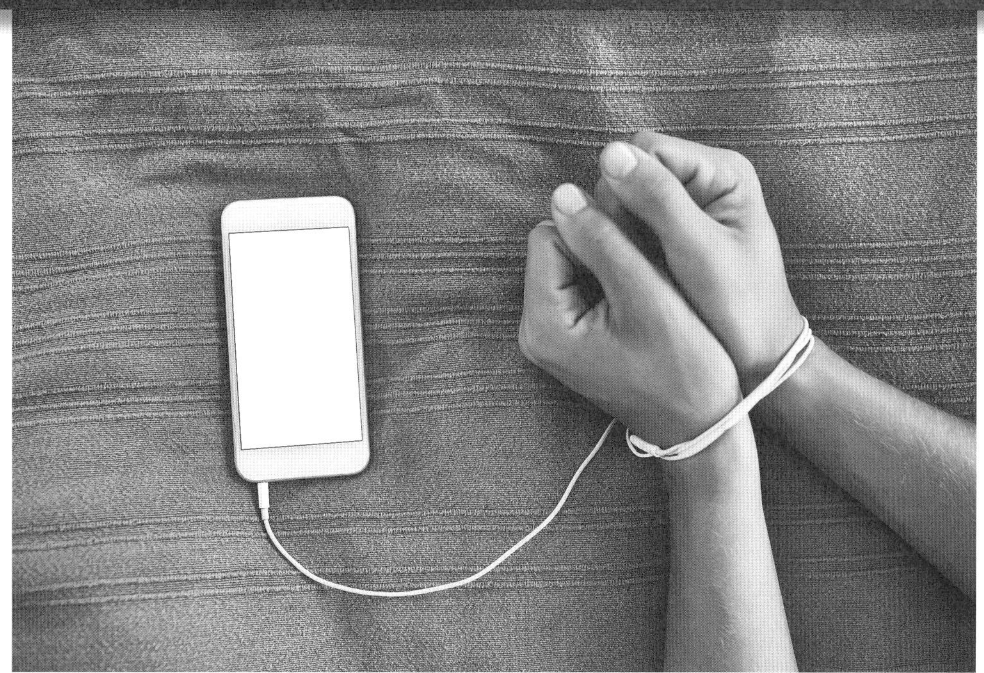

Warm-up: *Share your ideas.*

Which do you value most for a healthy life?

a. Good physical condition.
b. Good state of mind.
c. Being socially accepted.
d. Other(s) __________.

I chose answer _____, because...

Words in focus: *Search the internet for words and phrases.*

 2-45

- ❑ anxious
- ❑ appetite
- ❑ clinical depression
- ❑ diagnose
- ❑ guilty
- ❑ helpless
- ❑ lazy
- ❑ meaningless
- ❑ miserable
- ❑ symptom

Dialogue: *You need to go and see the doctor.*

1. Listen to each phrase, and guess what the speaker implies.

1. (　　)
2. (　　)
3. (　　)

(A) Take a good rest.
(B) Everybody experiences the same thing.
(C) I don't feel like eating.

2. Listen to the conversation and fill in the blanks.

Ken receives a phone call from Sara, an exchange student from Egypt.

<Scene 1>

Ken: Hello?

Sara: Hello, Ken. This is Sara.

Ken: Hey, Sara! We were worried about you.

Sara: I'm really sorry that I... missed the... presentation today.

Ken: It's OK. But you could have told us if you didn't want to work with us.

Sara: No, I really wanted to do it with you. I... I just couldn't get up.

Ken: Oh, you slept in? (1) ______________________________

Sara: No.... I was awake all night. I can't sleep well these days.

<Scene 2>

Ken: Speaking of which, you're often absent-minded recently.

Sara: I'm sorry.

Ken: (2) ______________________________

Sara But I'm so worried, and....

Ken: Come on, Sara. Let's try something fun.

Sara: Uh....

Ken: You're coming to the barbecue tomorrow, right?

Sara Sorry, Ken. (3) ______________________

Ken: Well, how about karaoke before the barbecue, then?

Sara: Ken, I just can't....

Ken: Karaoke will make you hungry. I'll ask Mari to come, too. Three o'clock tomorrow, OK? See you!

3. Listen to the conversation again and choose the best answer to each question. (repeat) CD 2-47, 48

<Scene 1> Why did Sara miss her presentation?

(A) Because Ken was worried about her.

(B) Because Ken had told her to do so.

(C) Because she didn't like Ken.

(D) Because she couldn't sleep at night.

<Scene 2> Which of the following does Ken NOT recommend that Sara do?

(A) Get some sleep.

(B) Worry about many things.

(C) Eat some food.

(D) Sing with Mari.

4. Listen to scenes 3 to 5, and choose the best answer to each question. CD 2-49, 50, 51

<Scene 3> What did Ken do before calling Sara?

(A) He apologized to Mari.

(B) He told Mari about Sara.

(C) He felt mentally weak.

(D) He spoiled Sara's idea.

<Scene 4> Which of the following does Ken think was the cause of depression?

(A) He worked in class with her.

(B) Sara worked too hard.

(C) He had tough assignments.

(D) Sara wasted her time.

<Scene 5> What will Ken do on Monday?

(A) Work on some assignments.

(B) Ask a doctor to examine him.

(C) Finish the presentation for Sara.

(D) Take Sara to a doctor.

Viewpoints

(repeat) CD 2-47, 48, 49, 50, 51

サラの心の状態が不安定になっていることが表れているフレーズをもう一度聞き、書き取りましょう。

<Scene 1> 不眠	Sara: I just c________ g___ ___. Sara: I was a______ ____ n______. I c______ sl______ w_____ th_____ d_____.
<Scene 2> 食欲不振	Sara: But I'm ___ w________, and.... Sara: I have ___ a__________.
<Scene 3> 自分を責める	Sara: No, I'm _____ m_________ w______. Maybe I've b______ t____ l_____. Sara: I sh_________ sp____ m_______.
<Scene 4> 自覚がない	Sara: I d______ u____________ _____ _____ f________ _____ m__________.
<Scene 5> 倦怠感	Sara: I'm r_______ t______ ... and I c______ th_____.

Pronunciation: *Intonation phrase*（音調単位）

CD 2-52

サラに何かの問題が起きていることは、話の内容だけでなく、声の調子からも伝わってきます。ここでは、1つの文の区切りかた（音調単位）に注目してみましょう。

以下のケンの発話では、2つに区切られたフレーズの中で一番最後の内容語が最も強く高く長く発音されています。これが基本的な音調単位の中でのイントネーションです。

● But you could have **told** us / if you **didn't want** to **work** with us.

一方、以下のサラの発話は区切りが多いだけでなく、区切りの単位が文法的な単位と一致していません。声の強さや高さの変化も乏しく、自信のなさや迷いが感じられます。

● I'm really **sor**ry that I / **missed** the / presen**ta**tion to**day**.

音の強さ・高さ・長さは書き言葉には表れませんが、話者の意図や状態を示す有力な手掛かりになります。基本的なイントネーションから逸脱した話し方をすると、何か特別な事情があるという印象を聞き手に与えることになります。

Monologue: *Don't risk your life!*

1. Choose the phrase that is related to each word, and practice reading it out loud. 2-53

1. anxious	( )	**(a)** a sign of illness
2. depression	( )	**(b)** feeling that you have done something wrong
3. diagnose	( )	**(c)** happening or existing before
4. eventually	( )	**(d)** not to do something that you should do
5. guilty	( )	**(e)** in the end
6. helpless	( )	**(f)** to recognize and name a disease
7. honestly	( )	**(g)** unable to do anything
8. skip	( )	**(h)** used to emphasize that you are telling the truth
9. previous	( )	**(i)** worried and nervous
10. symptom	( )	**(j)** a mental illness in which a person is very unhappy and anxious

2. Listen to the monologue and choose the best answer to each question.  2-54

1. What is true about Sara's report on her YouTube today?

(A) This is her last report from Japan.

(B) She explained what happened to her recently.

(C) She thinks it's a waste of time to make the report.

(D) It explains how to give a successful presentation.

2. Why did Sara call Ken?

(A) Because she wanted to escape reality.

(B) Because she wanted to express regret.

(C) Because Ken asked her to see a doctor.

(D) Because Ken asked her what was wrong.

3. Look at the graphic. According to Sara, which method did Ken use to help her?

(A) Encourage your friend to seek professional help.

(B) Don't forget about your own mental wellbeing.

(C) Plan something for them to look forward to.

(D) Check the severity of symptoms.

3. Listen again and fill in the blanks with suitable forms of words in the previous page.

You are watching Sara's YouTube channel. (repeat) CD 2-54

Hello, everyone. This is Sara's study-abroad report from Japan. It's been a while since I posted the last report. How are you all doing? (1) __________, I wasn't well at all. Last month I was (2) ____________ with "clinical (3) ____________." In today's video, I'll explain how it happened.

If you saw my (4) __________ reports, you should know how much fun I was having in Japan. However, after three months, I gradually started to feel very (5) __________ and worried. There were many things I had to do, but I felt so tired that I couldn't do them. I became angry with myself. I also felt (6) __________ about wasting my time here in Japan. (7) ____________, I started having trouble sleeping and eating.

One Friday morning, I couldn't get up and I skipped a class. It was like all my energy was gone. On that day, I was supposed to give a presentation with my classmates. I couldn't play my part in the presentation. I was afraid that my classmates wouldn't forgive me. Then, all I could think was how to escape from the situation. I felt (8) __________ and meaningless. I wanted to die. But before that, I thought I should apologize for (9) __________ the presentation. And I called my classmate, Ken.

At first, he didn't understand how bad I felt. But after a while, he called me back. He said that I had the (10) __________ of depression. The following Monday, he took me to a doctor, which saved my life. So, everybody, here is my advice. Talk to someone when you are in trouble. They may not understand you, but just don't give up. Please do not risk your life.

Speaking outline: *Inference (2)*

CD 2-55

あなたの知り合いの心や体の状態が不安定になった時のことを思い出して、1) 何が起こったのかをまずは説明しましょう。2) その時、その人はそばにいる人に何をしてもらいたかったかを想像して話しましょう。3) 最後に、今後同様のことが起こったらどう対処するかをまとめましょう。

1) Premise	When I was ________, my ________ became ill. At that time, he / she ________.
2) Inference	Reflecting back, I think he / she wanted ________, because ________.
3) Conclusion	Now, if there was somebody with similar symptoms, I would ________.

UNIT 12

Diversity

多様性について考えよう

Warm-up: *Share your ideas.*

Which of the following is closest to the meaning of diversity for you?

a. People of different genders, ages, and races

b. People of different professions, interests, and abilities

c. People with different ideas, customs, and cultures

d. Other(s) ______________________________.

I chose answer _____, because...

....

....

....

Words in focus: *Search the internet for words and phrases.*

 2-56

- ❑ Christian
- ❑ genocide
- ❑ halal
- ❑ Hindu
- ❑ *Hotel Rwanda* (movie)
- ❑ local language
- ❑ mono-ethnic country
- ❑ Muslim
- ❑ official language
- ❑ *Shooting Dogs* (movie)

Dialogue: *What do you mean by "you" and "we"?*

1. Listen to each phrase, and guess what the speaker implies. 2-57

1. (   )
2. (   )
3. (   )

(A) I recommend that you come to my country.
(B) I didn't see those movies.
(C) I was checking film write-ups.

2. Listen to the conversation and fill in the blanks. 2-58, 59

Mari is talking to Julius, a student from Rwanda.

<Scene 1>

Mari: It's nice to meet you. My name is Mari.

Julius: Hi, Mari. I'm Julius, from Rwanda.

Mari: Rwanda? Oh, so what's your country like?

Julius: Well, it's a nice, safe country in Africa. If you want to see wild gorillas, (1) ________________

Mari: I heard that ICT technology is big in Rwanda.

Julius: I'm glad you know that. I didn't think that Japanese people knew much about my country.

Mari: To be honest, I didn't until recently.

<Scene 2>

Julius: How come you were interested in Rwanda?

Mari: Um.... (2) ________________________________

Julius: OK. Which one did you see?

Mari: *Shooting Dogs*. And I also read about *Hotel Rwanda*. But (3) ________________________

Julius: Oh, so why not?

Mari: I didn't have enough courage to watch them. I was kinda scared to face reality.

3. Listen to the conversation again and choose the best answer to each question. (repeat) CD 2-58, 59

<Scene 1> What is Julius glad about?

(A) Mari watched gorillas in Rwanda.

(B) Mari knew something about Rwanda.

(C) He and Mari watched movies together.

(D) He found new ways to use technology.

<Scene 2> Which movie(s) about Rwanda did Mari watch?

(A) *Shooting Dogs*.

(B) *Hotel Rwanda*.

(C) Both A and B.

(D) Neither A nor B.

4. Listen to scenes 3 to 5, and choose the best answer to each question. CD 2-60, 61, 62

<Scene 3> What is Mari's idea of "you" when she talks about Rwanda?

(A) The Rwandan population.

(B) The rest of the world.

(C) Someone from a foreign country.

(D) Julius.

<Scene 4> What is Julius' idea of "we"?

(A) The global population.

(B) Mari and Julius.

(C) People who were alive during a tragedy.

(D) People from a foreign country.

<Scene 5> What kind of misunderstanding did Mari make at first?

(A) Only one ethnic group lives in Japan.

(B) There are Ainu people living in Japan.

(C) Some Japanese have foreign roots.

(D) Julius forgot about his life in Japan.

Viewpoints

(repeat) CD 2-58, 59, 60, 61, 62

ジュリアスとの会話を通して、マリは無意識に使っていた人称代名詞が何を指すかについて考え始めます。特徴が表れているフレーズをもう一度聞いて書き取り、代名詞が何を指すのか考えましょう。

<Scene 1> ルワンダに対する興味	**Mari:** Oh, so wh_____ _____ c_______ like? **Julius:** I d_____ th____ that J_________ p______ k_____ m____ about ____ c_______.
<Scene 3> ルワンダ人とその他の人々	**Mari:** Julius, I'm s_____ _____ all i_______ what ____ e____________. **Mari:** I m____, "____," the p______ in R________, and "___," is . . . it's gotta be . . ., the r____ of the w______.
<Scene 4> 自分たちとそれ以外	**Julius:** Well, ___ weren't e_____ b_____ at the time of the g________. Here, I'm s_______ "____", meaning ____ and ____, M____ and J______. **Mari:** When I t____ with s_________ from a f________ c________, I m____ have been l________ at them as s_________ who d________ b_______ to ___.
<Scene 5> 「私たち」とは？	**Mari:** All those p______ are with ___. W____ a m_______. I j____ u_____ the w_____ "___", but I w________ what I m______ by "___".

Pronunciation: *Register* (言語使用域)

CD 2-63

英語に限らずどんな言語でも、コミュニケーションの目的や社会的な場面、相手との関係によって、使われることばは異なります。話しことばの場合、発音の仕方が異なることもあります。例えばこのユニットのDialogueではマリとジュリアスがカジュアルな場面で会話しているため、口語調表現が用いられています。改まった場面ではどう表現すればよいか、考えてみましょう。

<Scene 2> Julius: How come you were interested in Rwanda?
→ Wh___ w____ y___ interested in Rwanda?

<Scene 2> Mari: I was kinda scared to face reality.
→ I was a l____ af____ to face reality.

<Scene 3> Mari: . . . it's gotta be . . . the rest of the world.
→ It m____ be the rest of the world.

Monologue: *African diversity in language, nature, and religion.*

1. Choose the phrase that is related to each word, and practice reading it out loud. 2-64

1. buffalo	( )	**(a)** acceptable according to Muslim religious law
2. democratic	( )	**(b)** a large animal of the cow family
3. familiar	( )	**(c)** a person who is receiving medical treatment
4. halal	( )	**(d)** controlled by elected representatives
5. patient	( )	**(e)** governed by a president and politicians
6. provide	( )	**(f)** kind of a mountain
7. republic	( )	**(g)** knowing something very well
8. rule	( )	**(h)** to control and have authority over a country
9. trekking	( )	**(i)** to give
10. volcano	( )	**(j)** walking, especially in mountains and for pleasure

2. Listen to the monologue and choose the best answer to each question.  2-65

1. According to the guide, what does the name "Patient" mean in Rwanda?
- (A) Somebody who frequently goes to the doctor.
- (B) Somebody who is calm and composed.
- (C) Somebody who loves their parents.
- (D) Somebody who is loved.

2. Why is French an official language of Rwanda?
- (A) Because Rwanda was ruled by Germany.
- (B) Because Rwanda was governed by Belgium.
- (C) Because many tourists spoke the language.
- (D) Because it was recently added as an official language.

3. According to the talk, where in the pie chart would "Catholic" appear?
- (A) A
- (B) B
- (C) C
- (D) None of the above.

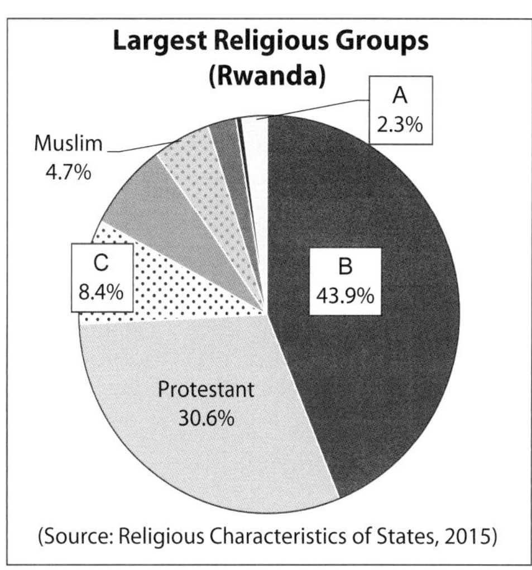

3. Listen again and fill in the blanks with suitable forms of words in the previous page.

You are taking a safari bus tour in Rwanda. (repeat) CD 2-65

Welcome to the Rwandan safari bus tour! I'm your guide today, and I'm Patient. Well, you just wondered "A (1) __________ for what?", right? No, Patient is my name. For those of you who aren't (2) __________ with Rwandan names, it may sound strange. But in Rwanda, the name Patient means "He is my love." A great name, isn't it?

On our bus, you can use your headset to listen to the information in your own language. If you push button number one, you can hear Kinyarwanda, our local language. Number two is Swahili, the language spoken in East Africa. Number three is French. Number four is German. Kinyarwanda, Swahili, English and French are official languages of Rwanda. By the way, where are you from? All right, you are from the (3) __________ (4) __________ of Congo. We have many tourists from East African countries. How about you? Let me guess, you must be from the United States. Americans are seen everywhere. Oh, no? You are from Belgium. Welcome! Rwanda used to be (5) __________ by Germany and then Belgium. Since the rule of Belgium, we have used French. From 2008, English was added as an official language.

Today, we're taking you mountain gorilla (6) __________ in (7) __________ National Park. The park protects more than half of the mountain gorillas in the world. In this park, you can also meet golden monkeys, (8) __________, and many kinds of beautiful birds.

We will (9) __________ you with a packed lunch. In Rwanda, most of us are Christians, but we also prepared lunches for Muslims and Hindus. (10) __________ lunches without pork for Muslims, and without beef for Hindus. Please let us know if you have any other preference. Now, please watch a video introducing the beautiful nature of Volcanoes National Park.

Speaking outline: *Paraphrasing*

CD 2-66

1) "Diversity" というキーワードで多様性に関係する事例をネットで調べ、2) 分かりやすい英語に言い換えて説明した上で、3) そのことについてあなたの考えを述べましょう。

1) Introduction	Hi, I'm ________. I'll talk about ________. I checked some articles and I found ________.
2) Paraphrasing	Simply put, [explain WHO did WHAT, WHERE, WHEN, HOW/WHY].
3) Your opinion	I think ________.

Appendix

本書の dialogue (アメリカ英語では dialog と綴ることもあります) では、日本の大学生が世界の様々な地域の出身者と会話をする場面を紹介したため、聞き慣れない発音が含まれていたかもしれません。同様に、使われる英語表現・語彙・綴りにも、可能な限り地域性を反映させました。本書では英語表現・語彙・綴りを大まかにアメリカ式・イギリス式に分け、以下の基準で表記しました。なお、パンクチュエーションに関しては、アメリカ式に統一しました。

・アメリカ式

キャプションや指示文・質問・解答選択肢・日本、アメリカ、ブラジル出身者の発話。

・イギリス式

イギリス、アイルランド、ニュージーランド、シンガポール、インド、ロシア、中国、エジプト、ルワンダ出身者の発話。

以下は、英米の地域差が表れやすい英語表現・語彙・綴りの例です。(カッコ内の数字) は、該当の表現や語が扱われているユニットです。

・表現や文法

過去形と現在完了形の使い分けや、前置詞の使い方、動詞の過去形の末尾などが異なることがあります。

例）(U3) US in college — UK at college/university

(U5) US I just had a pie.— UK I've just had a pie.

(U5) US We've still gotten some tickets left. — UK We've still got some tickets left.

・語彙

同じものを指しているのに単語が異なるケースや、同じ単語が別のものを指すケースがあります。

例）(U1, 3, 8, 9) US college — UK university

(U1) US résumé — UK CV

(U1) US zero — UK naught

(U3) US um — UK erm

(U4) US baggage — UK luggage

(U4) US eggplant — UK aubergine

(U5) US soccer — UK football

(U6) US flashlight — UK torch

(U6) US theater — UK cinema

(U6, 12) US movie — UK film

(U9) US vacation — UK holiday

・綴り

以下の例の他にも、語末が -ize と -ise、-or と -our、-er と -re のように異なる単語は多くあります。

例）(U1, 10) US program — UK programme

(U2, 6) US color — UK colour

(U4) US yogurt — UK yoghurt

(U6) US theater — UK theatre

(U7) US fertilizer — UK fertiliser

(U10) US aging — UK ageing

(U11) US apologize — UK apologise

TEXT PRODUCTION STAFF

edited by　編集
Hiroko Nakazawa　中澤 ひろ子

English-language editing by　英文校正
Bill Benfield　ビル・ベンフィールド

cover design by　表紙デザイン
Nobuyoshi Fujino　藤野 伸芳

text design by　本文デザイン
Nobuyoshi Fujino　藤野 伸芳

CD PRODUCTION STAFF

narrated by　吹き込み者
Chris Koprowski (American English)　クリス・コプロスキ（アメリカ英語）
Jennifer Okano (American English)　ジェニファー・オカノ（アメリカ英語）
Emma Howard (British English)　エマ・ハワード（イギリス英語）
Sarah Greaves (Australian English)　サラ・グリーブズ（オーストラリア英語）
et al.　他

Global Perspectives
Listening & Speaking Book 1

2023年1月20日　初版発行
2023年2月15日　第2刷発行

編著者　中西 のりこ　Nicholas Musty　大竹 翔子
Tam Shuet Ying　海老原 由貴　藤村 敬次

発行者　佐野 英一郎

発行所　株式会社 成 美 堂
〒101-0052 東京都千代田区神田小川町 3-22
TEL 03-3291-2261　　FAX 03-3293-5490
http://www.seibido.co.jp

印刷・製本　(株)倉敷印刷

ISBN 978-4-7919-7261-6　　Printed in Japan

ここから始める

基礎中国語

学汉语第一步

大瀧幸子 監修　陶琳 著

音声ダウンロード

音声再生アプリ「リスニング・トレーナー」新登場（無料）

朝日出版社開発のアプリ、「リスニング・トレーナー（リストレ）」を使えば、教科書の音声をスマホ、タブレットに簡単にダウンロードできます。どうぞご活用ください。

まずは「リストレ」アプリをダウンロード

› App Store はこちら

› Google Play はこちら

アプリ【リスニング・トレーナー】の使い方

❶ アプリを開き、「**コンテンツを追加**」をタップ

❷ QRコードをカメラで読み込む

❸ QRコードが読み取れない場合は、画面上部に **45379** を入力し「Done」をタップします

QRコードは㈱デンソーウェーブの登録商標です

Webストリーミング音声

http://text.asahipress.com/free/ch/kokokara

はじめに

　このテキストは中国語を初めて学ぶみなさんに「堅実な語学的基礎を身に着けていただくこと」を目標としてつくりました。さらにできることなら、できるだけ多くの方に「さらに学び続けようと意欲をもっていただくこと」を目指して、いくつかの工夫を加えました。

　どの外国語を学び始める時にも、まず腕力でマル暗記！というやり方は確かに欠かすことのできない方法です。しかし、やがて学んだ語彙数が増えて、「自分ではこんなことを話したい」と話す意欲がわいてきたら、暗記だけでは対応できなくなります。その時に初めて「堅実な語学的基礎」をもつことが力となります。

　このテキストでは、日本中国語教育学会で長い議論を経て選定された、初級で教えるにふさわしい基礎的語彙や基礎的文法事項を網羅することに努めました。その中のところどころに初級のレベルを越えた語学的な情報を挟み込んでおきました。いつか役立てて下さることを願っています。

　さて、このテキストの構成について説明いたします。「発音課」「本課（文法ポイント）（文法ポイントの理解のために）」「別冊の練習問題」という三部構成になっていて、それぞれ特徴的な工夫がされています。

（1）ピンイン表記規則が「中国語基礎音節表の見方」にまとめられている。
（2）各課が単語の品詞分類、文法構造の関連性で組み立てられている。
（3）練習問題には全て日本語文が示され、日本語訳をする問題は出題されていない。

　そして、このテキストが初級テキストとして最も推奨する特徴は「練習問題における出題文または正解となる中国語文全てを録音した音声」を備えていることです。別冊立ての練習問題と照合しつつ聞いたなら、いつでもどこでも正確な中国語に触れることができます。「中国語を浴びるように聞き、絶え間なく発音練習をする」ためのツールとして、ぜひ活用してみて下さい。

　また、本書の執筆にあたって、ご助言をくださった陳淑梅先生、朝日出版社編集長の中西様と編集者の新美様にも大変お世話になり、厚く御礼申し上げます。監修を引き受けて下さった大瀧先生にも心から感謝申し上げます。

目次

中国と中国語について

1 中国とは?

中国は中華人民共和国（中华人民共和国Zhōnghuá Rénmín Gònghéguó）の略語です。英語ではPeople's Republic of China（PRC）と言います。中国（Zhōngguó）は56の民族がいる多民族の国です。人口の92%を占める漢民族以外に、55の少数民族が人口の8%を占めています。

2 中国語とは?

中国語は世界で母国語としての使用人口が最も多く、国連の6つの公用語の一つでもあります。少数民族の中に自分の文字を持っている民族は21あり、27種類の文字が使用されています。私たちがこれから勉強する中国語は、“汉语Hànyǔ”（七つの大きな方言に分かれる）の中で北京語の発音を標準音とし、北方方言の語彙を基礎として人工的に作られた標準語（普通话pǔtōnghuà）です。その文法は規範的な現代語（口語体）の基準として専門家の議論を経て決定されました。

3 “简体字jiǎntǐzì”（簡体字）と“拼音pīnyīn”（ピンイン）

現在、中国大陸で規範文字として使用されている漢字は昔からの繁体字を簡略化したもので、“简体字jiǎntǐzì”と言います。中国語の“简体字”の形は日本で使用する漢字（平安時代前後から中国の繁体字を簡略化して成立）と全く同じものもあれば、違うものもあります。

中国語の発音は、表音文字のローマ字“拼音pīnyīn”で表します。この“拼音”は発音を表す記号として専門家によって制定され、中国語学習の発音を学ぶには、まずこの“拼音”の読み方を覚えなければなりません。また、中国語は声調言語で、一つ一つの音節に“声调shēngdiào”と呼ばれる高低アクセントがついています。標準語では全部で4つの声調が決められています。

さて、中国語には“万事开头难wànshì kāitóu nán”（何事も最初が難しい）という言葉があります。中国語の発音は日本語にはない特徴をいろいろ持っていますから、発音でつまずかないように頑張りましょう！このテキストは、皆さんが流暢な中国語を楽しく話せるようになるように工夫してあります。音声を聞きながら、頑張って勉強してください。

ピンイン表記規則のまとめと「中国語基本音節表」の見方

																	介音 i《引っ張りの口元》										介音 u《丸めの口元》									介音 Ü		
子音ゼロ	a	o	e			er	ai	ei	ao	ou	an	en	ang	eng		yi	ya	yao	ye	you	yan	yin	yang	ying	yong	wu	wa	wo	wai	wei	wan	wen	wang	weng	yu	yue	yuan	yun
21の子音		bo																引っ張りから丸めに移る途中ワタリの音oがひびく										丸めから引っ張りに移る途中、ワタリの音eがひびく										
		po																子音がつくとワタリがめだたないのでoを落とす										子音がつくとワタリがめだたないのでeを落とす										
		mo																		miu																		
		fo																																				
			de												dong					diu										dui		dun						
			te												tong															tui		tun						
			ne												nong					niu															nÜ	nÜe		
			le												long					liu												lun			lÜ	lÜe		
			ge												gong															gui		gun						
			ke												kong															kui		kun						
			he												hong															hui		hun						
																ji				jiu																		
																qi				qiu																		
																xi				xiu																		
				zhi											zhong															zhui		zhun						
				chi											chong															chui		chun						
				shi																										shui		shun						
				ri											rong															rui		run						
					zi										zong															zui		zun						
					ci										cong															cui		cun						
					si										song															sui		sun						

Pinyin表記のルール

（１）【大文字表記】国名人名など、固有名詞の最初の一文字は大文字にします。

（２）【隔音符号】複数の音節でできている単語内の中で、後ろの音節がa,o,eで始まる場合、前の音節との区切を表すために、前の音節の最後の文字の右上に隔音符号「'」をつけます。

用例： kě'ài 可愛（可愛らしい） xīngqī'èr 星期二（火曜日）

「中国語基本音節表の見方」

大原則：（１）子音と母音の組み合わせ、基本の音21種は赤文字で表記してあります。

（２）6種の基礎母音は黒の太枠で囲んであります。また、子音と組み合わさらない母音2種には子音の枠に斜線が引いてあります。

（３）３種類の介音はそれぞれ複合母音を作ります。グレーの蛍光ペンはその枠内の子音と母音が全く組み合わさらないことを示します。

表記のルール：① 介音を含む複合音節は、単独で使う場合は「y」「w」をつけますが、子音をつけると「y」「w」をとります。

② 介音を含む複合音節の中で、単独で使う場合には子音をつけた場合には使わない音を書入れるものが3種あります。

赤の太枠で囲まれた「you」「wei」「wen」の箇所の説明を読み、「o」「e」を落とした表記を覚えましょう。

Fāyīn yī

中国語の発音はピンイン“拼音pīnyīn”と呼ぶ表音文字のローマ字と声調符号で表します。

❶ 中国語の音節（声母と韵母）

中国語の音節は子音“声母”と母音“韵母”、及び声調“声调”から成り立っています。たとえば“先”（先）という漢字の音節は“xiān”と表します。“x”が子音、“ian”が母音（i ー介音、ā ー主母音、n ー韵尾）、声調符号は主母音の上に付けます。子音は全部で21個、母音は36個あります。

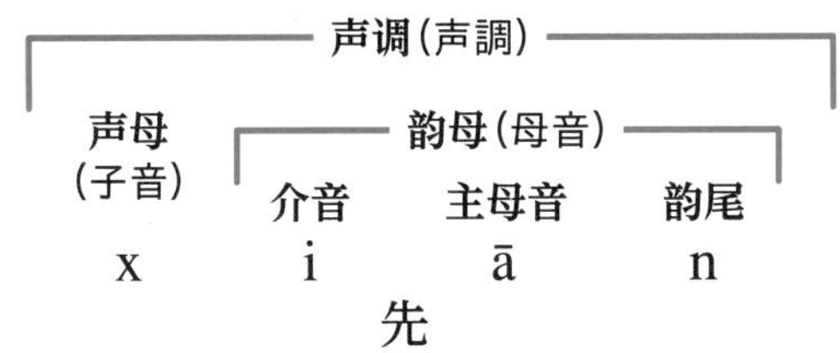

❷ 声調 01

中語の標準語“普通话”にある声調は高低・上げ下げの調子が4種類あります。これを「四声」第一声・第二声・第三声・第四声と呼びます。また軽く短く発音する「軽声」があります。同じピンインでも声調が異なると意味が異なります。

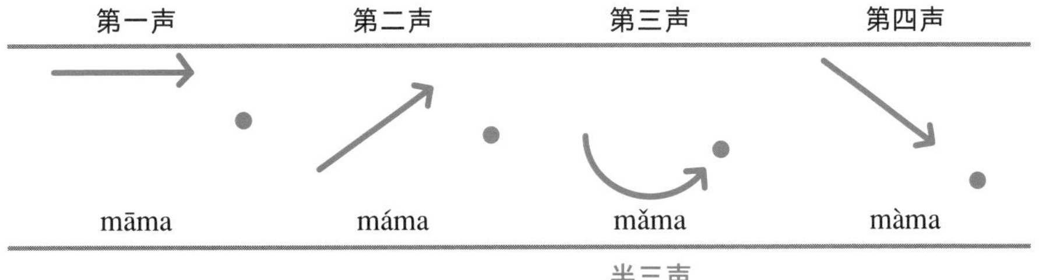

第一声：高く平らに伸ばします。	bā 八（八）	mā 妈（母）
第二声：急激に上昇します。	bá 拔（抜き取る）	má 麻（麻）
第三声：低く抑えて発音します。	bǎ 把（ひとつかみ）	mǎ 马（馬）
第四声：高いところから一気に下げます。	bà 爸（父）	mà 骂（罵る）
軽　声：軽く短く発声します。	ba 吧（語気助詞）	ma 吗（語気助詞）

❸ 軽声との組み合わせ 02

他の音節の後ろに添えるように「軽く短く」発音します。
図中の●の位置が通常の音程になります。

第一声＋軽声　māma 妈妈（母）　　gēge 哥哥（兄）

第二声＋軽声　yéye 爷爷（父方の祖父）　pópo 婆婆（夫の母）
第三声＋軽声　jiějie 姐姐（姉）　nǎinai 奶奶（父方の祖母）
第四声＋軽声　dìdi 弟弟（弟）　mèimei 妹妹（妹）

④ 声調符号の付け方

声調符号は主母音の上に付けます。

1. aがあればaの上に➡tàiyáng 太阳（太陽）　diànnǎo 电脑（コンピュータ）　xiāngjiāo 香蕉（バナナ）
2. aがなければ、eかoの上に➡zuòwèi 座位（座席）　huǒchē 火车（汽車）　fēijī 飞机（飛行機）
3. i、uが並べば後ろに➡qiúduì 球队（球技チーム）　jiǔhuì 酒会（パーティー）　xiūxi 休息（休み）
4. iに付けるとき、上の点を取る➡lí 梨（なし）　xīguā 西瓜（すいか）　zìxíngchē 自行车（自転車）

親族呼称 03

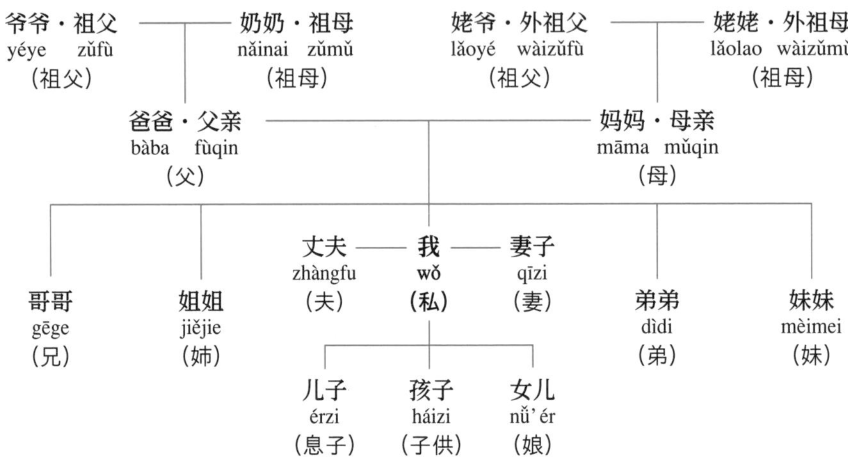

声調中心トレーニング

① 音声に続いて声調を正しく発音しましょう。 04

ā　á　ǎ　à　bā　bá　bǎ　bà
mā　má　mǎ　mà　māma　máma　mǎma　màma

② 音声に続いて発音しながら、3回目に読まれた方に○を付けましょう。 05

á——ǎ　ǎ——à　ā——ǎ　à——á
mā——mǎ　má——mà　má——mǎ　bǎ——bà
bā——bǎ　bǎba——bàba　māma——màma　máma——mǎma

③ 音声に続いて発音しながら、声調符号を付けましょう。 06

（1）mama　（2）yeye　（3）nainai　（4）gege　（5）laolao
（6）baba　（7）didi　（8）meimei　（9）jiejie　（10）laoye

④ 音声を聞いて、ピンインと声調符号で書き取りましょう。 07

（1）＿＿＿＿　（2）＿＿＿＿　（3）＿＿＿＿　（4）＿＿＿＿
（5）＿＿＿＿　（6）＿＿＿＿　（7）＿＿＿＿　（8）＿＿＿＿

発音 2 母音

Fāyīn èr

中国語の母音は全部で36個あり、それぞれの特徴があります。

中国語の韻母下位分類 08

単母音		a　o　e　i　u　ü
特殊母音		er　（子音が付かない）
二重複母音（強弱型）		ai　ei　ao　ou
二重複母音（弱強型）		ia　ie　ua　uo　üe
三重複母音		iao　iou　uai　uei
鼻母音	前鼻母音	an　en　ian　in　uan　uen　ün　üan
	後鼻母音	ang　eng　iang　ing　ong　uang　ueng　iong

1 単母音 09

発音の基本となる単母音は6個あります。

a　「ア」より喉を開けるつもりで、明るくはっきりと「アー」と発音します。
o　「オ」より唇を突き出して発音します。
e　「エ」の自然な口元で、舌をやや後ろに引き、喉の奥から発音します。
i (yi)　唇を左右に引いて「イ」と発音します。
u (wu)　「ウ」よりも思い切って唇をまるく突き出して、喉の奥から発音します。
ü (yu)　「ユ」の唇の形で「イ」と発音します。

10

音声を聞いてチャイム音のリズムに合わせて発音しましょう。（声調はすべて第一声）

a　o　e　i　u　ü　（3回ずつ繰り返します）

2 特殊母音 11

"er"　単母音の"e"を発音したら、舌先を奥へそり上げます。

ěrduo 耳朵（耳）　èryuè 二月（二月）　érzi 儿子（息子）　nǚ'ér 女儿（娘）

❸ 複母音 (12)

1) 二重複母音(主母音＋韻尾)　前の音を強く、後ろの音を弱く発音します。

ai　ei　ao　ou

2) 二重複母音(介音＋主母音)　後ろの音を強く、前の音を弱く発音します。

ia (ya)　ie (ye)　ua (wa)　uo (wo)　üe (yue)

3) 三重複母音(介音＋主母音＋韻尾)　真ん中の音を強めに発音します。

iao (yao)　iou (you)　uai (wai)　uei (wei)

注意

ei, ie, üe, uei の **e** は、単母音の **e** ではなく、日本語の「エ」に近い音になります。

母音中心トレーニング1

❶ 単母音と複母音の特徴に注意しつつ、音声に続いて発音しましょう。 (13)

ō	ó	ǒ	ò	wū	wú	wǔ	wù
ē	é	ě	è	yī	yí	yǐ	yì
yū	yú	yǔ	yù	ēr	ér	ěr	èr
āi	ái	ǎi	ài	ēi	éi	ěi	èi
āo	áo	ǎo	ào	ōu	óu	ǒu	òu
yā	yá	yǎ	yà	yē	yé	yě	yè
wā	wá	wǎ	wà	wō	wó	wǒ	wò
yuē	yué	yuě	yuè	yāo	yáo	yǎo	yào
yōu	yóu	yǒu	yòu	wāi	wái	wǎi	wài
wēi	wéi	wěi	wèi				

❷ 音声に続いて発音しながら、3回目に読まれた方に○を付けましょう。 (14)

(1) è——èr　(2) wū——wǔ　(3) yī——yū

(4) yǎ (雅)— yá (牙)　(5) yě (也)— yè (夜)　(6) yóu (油)— yǒu (有)

(7) wǒ (我)— wā (蛙)　(8) yāo (腰)— yào (要)　(9) wěi (伟)— wèi (为)

(10) ài (爱)— éi (欸)　(11) ào (奥)— ǒu (藕)　(12) yuè (月)— yào (药)

❸ 音声に続いて発音しながら、声調符号を付けましょう。 (15)

(1) Eyu (俄语)　(2) yafei (亚非)　(3) Ouzhou (欧州)　(4) meigui (玫瑰)

(5) yiwu (义务)　(6) weilai (未来)　(7) youxiu (优秀)　(8) shoubiao (手表)

(9) aihao (爱好)　(10) waiyu (外语)　(11) yuyi (雨衣)　(12) Niuyue (纽约)

❹ 音声に続いて発音しながら、ピンインと声調符号で書き取りましょう。 (16)

(1)_______饿(お腹が空く)　(2)_______物(物)　(3)_______玉(玉)　(4)_______鹅(鵞鳥)

(5)_______舞(踊り)　(6)_______马(馬)　(7)_______雨(雨)　(8)_______医(医)

(9)_______午(昼)　(10)_______鱼(魚)　(11)_______麻(麻)　(12)_______椅(椅子)

(13)_______乐(音楽)　(14)_______右(右)　(15)_______味(味)　(16)_______袜(靴下)

数詞①　1～9の発音を繰り返し練習しましょう。 17

一 yī	二 èr	三 sān	四 sì	五 wǔ	六 liù	七 qī	八 bā	九 jiǔ	十 shí

音声を聞いて、チャイム音のリズムに合わせて発音しましょう。 18

一 yī　二 èr　三 sān　四 sì 🔔🔔🔔🔔　五 wǔ　六 liù　七 qī　八 bā 🔔🔔🔔🔔　九 jiǔ　十 shí 🔔🔔

(1~10まで3回繰り返します)

1
2
3
4
1
2
3
4
5
6
7
8
9
10
11
12
母音

4 鼻母音 19

	前鼻母音		後鼻母音		
介音なし	an	en	ang	eng	ong
介音 i	ian(yan)	in(yin)	iang(yang)	ing(ying)	iong(yong)
介音 u	uan(wan)	uen(wen)	uang(wang)	ueng(weng)	
介音 ü	üan(yuan)	ün(yun)			

(　) は子音が付いていない場合に使う表記

1)　中国語の韻尾(-n, -ng)を伴う鼻母音には、-nで終わる前鼻母音と-ngで終わる後鼻母音があります。-nで終わる前鼻母音は、舌の先を上の歯茎につけたまま鼻にかけて、日本語の「あんない(案内)」の「あん」のように発音します。-ngで終わる後鼻母音は、舌を低く伸ばしたままで鼻にかけて、「あんがい(案外)」の「あん」のように発音します。

2)　介音の有無で母音グループを分けて表記する方法は「中国語基本音節表」の構成と一致します。実際に発音を練習していくうちに、介音の有無、iとuの違いがどのように主母音の音色を変化させるのかを理解しましょう。

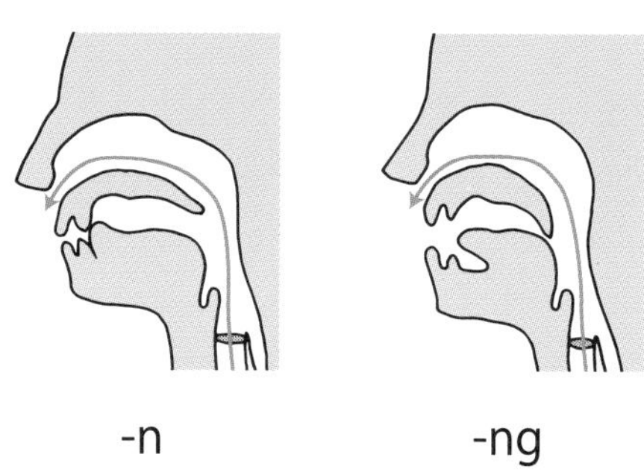

母音中心トレーニング2

1 音声を聞いて3回目に読まれた方の簡体字を下線部に書き取りましょう。 20

(1) wǎn (晚) wǎng (网)____ (2) fēn (分) fēng (风)____ (3) fàn (饭) fàng (放)____
(4) yán (盐) yáng (羊)____ (5) bīn (宾) bīng (冰)____ (6) mín (民) míng (明)____
(7) bān (班) bāng (帮)____ (8) lán (兰) láng (狼)____ (9) nián (年) niáng (娘)____
(10) yīn (音) yīng (英)____ (11) wēn (温) wēng (翁)____ (12) jiàn (见) jiàng (降)____

2 音声を聞いて3回目に読まれた方に○を付けましょう。 21

(1) xiàn (现) — xiàng (象) (2) yùn (运) — yuàn (愿) (3) qián (钱) — qiáng (墙)
(4) hóng (虹) — héng (横) (5) quán (泉) — suàn (蒜) (6) qún (裙) — jūn (菌)
(7) sūn (孙) — chūn (春) (8) chuán (船) — chuáng (床)

3 音声を聞いて空欄に鼻母音をピンインと声調符号で書き取りましょう。 22

(1) y____d____ (运动) (2) s____l____ (商量) (3) ch____ch____ (长城)
(4) y____w____ (愿望) (5) j____k____ (健康) (6) g____y____ (公园)
(7) f____x____ (放心) (8) c____t____ (餐厅) (9) m____l____ (明亮)

4 音声を聞いてピンインと声調符号で書き取りましょう。 23

(1)________ (文) (2)________ (有) (3)________ (阳) (4)________ (泳)
(5)________ (云) (6)________ (忘) (7)________ (银) (8)________ (樱)
(9)________ (万) (10)________ (眼) (11)________ (问) (12)________ (碗)

発音 3 子音

Fāyīn sān

1 子音 24

中国語には21個の子音があります。下の表中の発音練習母音（ピンイン表記）は、子音が発音しやすいように添える母音です。なお[　]内は音声学で使われる万国共通の音声符号です。ピンインが同じでも実際の音が異なることを表せます。

中国語の声母下位分類

(1) ＼ (2)	無気音	有気音	鼻音	摩擦音	★	発音練習母音
唇音（しんおん）	b	p	m	f		+o
舌尖音（ぜっせんおん）	d	t	n		l	+e
舌根音（ぜっこんおん）	g	k		h		+e
舌面音（ぜつめんおん）	j	q		x		+[i] i
そり舌音（そりじたおん）	zh	ch		sh	r	+[ʅ] i
舌歯音（ぜっしおん）	z	c		s		+[ɿ] i

[i] するどく明るい音（単母音と同じ音）　[ʅ] そり舌のこもった音　[ɿ] 歯を合わせてその隙間から息を出す音

注意

1） 調音部位：口腔内のどの部分が呼気の流れを阻害するかを示します。

2） 調音方法：呼気の通り道、通り方を示します。子音は原則として無声（母音は声帯が振動する有声音のみ）です。★音声学では「側面接近音」と呼びます。

2 無気音と有気音

中国語は無気音と有気音を区別して発音します。“b、d、g、j、zh、z”は無気音で、口の中にためた息を抑えて控えめに出して発音します。“p、t、k、q、ch、c”は有気音で、口の中にためた息を意識して聞こえるように出して発音します。

3 そり舌音

zh：舌をそり上げ、無気音で息を抑えるように「チ」と発音します。

ch：舌をそり上げ、有気音で息を強く出るように、「チ」と発音します。

sh：舌をそり上げ、息を摩擦させて発音します。舌先はどこにも付けません。

r：shより少し舌をそり上げて、力を入れます。気音が聞こえないように、舌先はどこにも付けません。

🔊 25

音声を聞いてチャイム音のリズムに合わせて発音しましょう。（声調はすべて第一声）

bo po mo fo 🔔🔔🔔🔔　　ji qi xi 🔔🔔🔔
de te ne le 🔔🔔🔔🔔　　zhi chi shi ri 🔔🔔🔔🔔
ge ke he 🔔🔔🔔　　zi ci si 🔔🔔🔔

子音中心トレーニング

1 音声を聞いて無気音と有気音に注意して発音しましょう。 🔊 26

(1) bǎo（宝）— pǎo（跑）　(2) gē（歌）— kē（科）　(3) zài（在）— cài（菜）
(4) zhí（直）— chí（池）　(5) jī（鸡）— qī（七）　(6) dōu（都）— tōu（偷）
(7) guì（贵）— kuì（愧）　(8) gǒu（狗）— kǒu（口）　(9) zhǎo（找）— chǎo（炒）
(10) jiū（究）— qiū（秋）　(11) bí（鼻）— pí（皮）　(12) biǎo（表）— piào（票）

2 音声を聞いて3回目に読まれた方に○を付け、発音もしましょう。 🔊 27

(1) fēi（飞）— hēi（黑）　(2) xiào（笑）— shào（少）　(3) dào（到）— tào（套）
(4) nǚ（女）— lǚ（旅）　(5) zàn（赞）— zhàn（站）　(6) rì（日）— lì（力）
(7) shān（山）— sān（三）　(8) cūn（村）— chūn（春）　(9) huā（花）— guā（刮）

3 音声を聞いて空欄に子音をピンインで書き取りましょう。 🔊 28

(1)______ ī（吃）　(2)______iā（家）　(3)______ié（鞋）　(4)______ín（您）
(5)______ǎo（好）　(6)______ù（父）　(7)______ā（妈）　(8)______uǐ（腿）
(9)______ē（喝）　(10)______uò（坐）　(11)______ī（师）　(12)______uān（关）

発音総合トレーニング

音声を聞いてピンインと声調符号で書き取りましょう。 🔊 29

(1)______（十）　(2)______（热）　(3)______（岛）　(4)______（飞）　(5)______（画）
(6)______（三）　(7)______（四）　(8)______（六）　(9)______（七）　(10)______（九）
(11)______（只）　(12)______（乐）　(13)______（市）　(14)______（看）　(15)______（日）
(16)______（历）　(17)______（办）　(18)______（生）　(19)______（身）　(20)______（红）
(21)______（名）　(22)______（强）

発音 4 変調と儿化音

Fāyīn sì

❶ 第三声の変調 30

（1）　第三声＋第三声➡第二声＋第三声（声調記号は本来の第三声のままにし、発音のみ変化します。）

你好 nǐ hǎo ➡ ní hǎo
很好 hěn hǎo ➡ hén hǎo
展览馆 zhǎn lǎn guǎn ➡ zhán lán guǎn　（展覧会館）
米老鼠 Mǐ lǎo shǔ ➡ Mǐ láoshǔ　（ミッキーマウス）

（2）　第三声＋第一声、第二声、第四声、軽声➡半三声＋第一声、第二声、第四声、軽声（声調記号は本来の第三声のままにし、発音のみ変化します。）

第三声＋第一声➡（半三声＋第一声）	lǎoshī	老师	（先生）
第三声＋第二声➡（半三声＋第二声）	jǐngchá	警察	（警察）
第三声＋第四声➡（半三声＋第四声）	chǎomiàn	炒面	（焼きそば）
第三声＋軽声　➡（半三声＋軽声）	jiǎozi	饺子	（餃子）

❷ “不”の変調 31

否定副詞“不bù”の後ろの文字が第四声の場合だけ、第二声に変調します。
第一声、第二声、第三声の場合は、変調しません。

bù＋第四声➡ bú＋第四声	bú **qù**	不去（行かない）	bú **duì**	不对（正しくない）
bù＋第一声➡ bù＋第一声	bù chī	不吃（食べない）	bù hē	不喝（飲まない）
bù＋第二声➡ bù＋第二声	bù xíng	不行（駄目）	bù lái	不来（来ない）
bù＋第三声➡ bù＋第三声	bù hǎo	不好（良くない）	bù hǎo chī	不好吃（美味しくない）

❸ “一”の変調 32

本来の声調は第一声です。
序数（順番を示す数）や語構成の末尾に使う場合は第一声のままで発音します。

dì yī kè 第一课　（第一課）　　liùshíyī 六十一　（六十一）
yīyuè yīhào 一月一号　（一月一日）　　tǒngyī 统一　（統一）

後ろに第一声、二声、三声が続くときは第四声で発音します。

	第一声				第一声	yìtiān 一天（1日）	yìbiān 一边（片側）
yī ＋	第二声	＝	yì 第四声	＋	第二声	yìpíng 一瓶（一本）	yìnián 一年（一年）
	第三声				第三声	yìzǎo 一早（早朝）	yìqǐ 一起（一緒に）

後ろに第四声が続くときは第二声で発音します。

yī ＋ 第四声 ＝ yí 第二声 ＋ 第四声 yíyàng 一样（同じ） yídìng 一定（必ず）

注意

“一”には“yāo”という発音もあります。電話番号や部屋番号を読む場合に使います。この発音には変調はありません。

❹ 儿化音 33

音節の末尾の母音をそり舌で発音した音を“儿化音”と言います。
発音の方法がいろいろ異なります。説明を参考にしながら、音声に続いて発音しましょう。

a. 末尾の母音に変化なし
hónghuār 红花儿 （紅い花） chàng gēr 唱歌儿 （歌を歌う）

b. -n 脱落
hǎowánr 好玩儿 （面白い） yìdiǎnr 一点儿 （少し）

c. -i 脱落
xiǎoháir 小孩儿 （子供） xiāngwèir 香味儿 （香り）

d. -ng の脱落
yǒu kòngr 有空儿 （暇がある） diànyǐngr 电影儿 （映画）

e. 舌歯音の i、そり舌音の i、は“ə”に広げてから r を加えます。
口腔内が狭い母音をそのままそり舌にはしにくいからです。

zìr 字儿 （字） shìr 事儿 （用事） guǒzhīr 果汁儿 （ジュース）

第1課 在大学校园里 大学のキャンパスでの出会い

Dì-yī kè　Zài dàxué xiàoyuán lǐ

（A日本人学生、B中国人学生）　34

A：你好！　你 是 日本人 吗？
Nǐhǎo!　Nǐ shì Rìběn rén ma?

B：不是，我 不 是 日本人，是　中国人。
Búshì, wǒ bú shì Rìběn rén, shì Zhōngguó rén.

A：你们 都 是 大学生 吗？
Nǐmen dōu shì dàxuéshēng ma?

B：我们 不 都 是 大学生，他 是 研究生。
Wǒmen bù dōu shì dàxuéshēng, tā shì yánjiúshēng.

A：请问，您 贵姓？
Qǐngwèn, nín guìxìng?

B：我 姓 李，叫 李 晶。你 叫 什么 名字？
Wǒ xìng Lǐ, jiào Lǐ Jīng. Nǐ jiào shénme míngzi?

A：我 姓　中田，叫　中田　翔。认识 你，很 高兴。
Wǒ xìng Zhōngtián, jiào Zhōngtián Xiáng. Rènshí nǐ, hěn gāoxìng.

B：认识 你，我 也 很 高兴。
Rènshí nǐ, wǒ yě hěn gāoxìng.

初対面での挨拶言葉　35

- 初次见面，请多关照。 Chū cì jiàn//miàn, qǐng duō guānzhào.
  はじめまして、どうぞよろしくお願いします。
- 能认识您，感到非常荣幸！ Néng rènshi nín, gǎndào fēicháng róngxìng.
  お会いできて幸栄です。
- （敬語表現）久仰久仰　Jiǔyǎng jiǔyǎng. ／久仰大名 Jiǔyǎng dàmíng.
  御高名はかねがね存じあげています。

新出語句

36

在～里 zài~li（介）～の中で
大学 dàxué（名）大学
校园 xiàoyuán（名）キャンパス
你 nǐ（代）あなた
是 shì（動）～は～です
日本人 Rìběn rén（名）日本人
中国人 Zhōngguó rén（名）中国人
都 dōu（副）みな、全部
大学生 dàxuéshēng（名）大学生
研究生 yánjiúshēng（名）大学院生
请问 qǐngwèn（套）お尋ねします、お伺いします
您 nín（代）あなた（敬称）
贵姓 guìxìng（敬語）お名前
姓 xìng（名）姓　名字（動）姓は…である
李 晶 Lǐ Jīng（名）中国の人名
叫 jiào（動）（名前などが）～という
什么 shénme（疑）何
名字 míngzi（名）名前
中田 翔 Zhōngtián Xiáng（名）日本の人名
认识 rènshi（動）知り合う
很 hěn（副）とても
高兴 gāoxìng（形）嬉しい
也 yě（副）～も

文法ポイント

❶ 人称代名詞 37

	一人称	二人称	三人称(文字でだけ性を区別)③
単数	我 wǒ(私、僕)	你 nǐ(あなた、君) 您 nín(敬称)	他 tā(彼) 她 tā(彼女)
複数①	我们 wǒmen(私達) 咱们 zánmen(聞き手も含む私達)②	你们 nǐmen 您们 nímen(敬称)	他们 tāmen(彼達) 她们 tāmen(彼女達)

注意

① “们”は人の集団を表します。複数には必ず付ける英語の「‘s」とは異なります。

(誤)三个学生们 → (正)三个学生(3人の学生) sān ge xuésheng　两位老师(お2人の先生) liǎng wèi lǎoshī

② “咱们”は相手に仲間意識をもっている場合に使います。

(誤)你们是学生，咱们也是学生。 → (正)你们是学生，我们也是学生。
Nǐmen shì xuésheng. Wǒmen yě shì xuésheng.
あなた達は学生です。私達も学生です。

③ 中国語の人称代名詞には性別がありません。ただ英語の「it」のような動物や品物を指す代名詞があります。

它 tā(それ) ／ 它们 tāmen(それら、あれら)

❷ 判断動詞“是” 38

[基本文型] **肯定型 X + 是 + Y (XはYです)**

否定型 X + 不 + 是 + Y (XはYではありません)

否定副詞(意思的に決定された否定)

副詞や連用修飾語成分は**主語と述語**の間に入れます。

① 她是日本大学生。Tā shì Rìběn daxuéshēng.
彼女は日本人大学生です。

② 我不是美国学生，是英国学生。Wǒ bú shì Měiguó xuésheng, shì Yīngguó xuésheng.
私はアメリカ人学生ではなく、イギリス人学生です。

❸ 副詞“都” 39

[基本文型] **X + 都 + 是 + Y (Xは全部Yです)**

範囲副詞(全部)

① 他们都是中国留学生。Tāmen dōu shì Zhōngguó liúxuéshēng.
彼らは皆中国人留学生です。

注意

2種類の否定表現

① 全否定　X ＋ 都 不 ＋ 是 ＋ Y（Xは全部Yではありません）

② 部分否定　X ＋ 不 都 ＋ 是 ＋ Y（Xは全部がYというわけではありません）

① 我们都不是研究生。Wǒmen dōu búshi yánjiūshēng.
私達は皆大学院生ではありません。

② 我们不都是本科生。Wǒmen bù dōu shì běnkēshēng.
私達は皆学部生というわけではありません。

4 諾否疑問文 40

［基本文型］ **主語（＋副詞）＋述語 ＋ 吗？（語気助詞）**

述語に続けて軽声で発音します

聞き手は質問に対して、まず**Yes**か**No**で答えます。

① 他们都是中国人吗？ Tāmen dōu shì Zhōngguó rén ma?
彼らはみな中国人ですか？

→（肯定）是。他们五位老师都是中国人。
Shì. Tāmen wǔwèi lǎoshī dōu shì Zhōngguó rén.
はい。彼ら5人の先生方は皆中国人です。

→（否定）不是。他们不都是中国人，其中两位是韩国人。
Bú shì. Tāmen bù dōu shì Zhōngguó rén, qízhōng liǎng wèi shì Hánguó rén.
いいえ。彼らは皆中国人というわけではありません、中に2人の韓国人がいます。

→（否定）不是。他们都不是中国人，都是日本人。
Bú shì. Tāmen dōu bú shì Zhōngguó rén, dōu shì Rìběn rén.
いいえ。彼らは皆中国人ではありません、皆日本人です。

5 副詞"也" 41

［基本文型］ **主部X ＋ 也 ＋ 述部（動詞＋Y）**

重複副詞（～も）

否定副詞より前　主部X ＋ 也 ＋ 不 ＋ 述部（動詞＋Y）

範囲副詞より前　主部X ＋ 也 ＋ 都 ＋ 述部（動詞＋Y）

① 北京是中国的首都，也是现代化的大都市。
Běijīng shì Zhōngguó de shǒudū, yě shì xiàndàihuà de dà dūshì.
北京は中国の首都であり、現代化された大都市でもあります。

② 他不是中国人，她也不是中国人。
Tā bú shì Zhōngguó rén, tā yě bú shì Zhōngguó rén.
彼は中国人ではありません、彼女も中国人ではありません。

③ 他是日本人，她们也都是日本人。
Tā shì Rìběn rén, tāmmen yě dōu shì Rìběn rén.
彼は日本人です、彼女達もみな日本人です。

注意

(1) 文脈や場面の中に必ず相互に比較しあう文があります。比較した結果、文のどこかに同一のモノ、属性や状態、出来事を表す文言があることを示します。

(2) 同一と判定された文言は主部にも述部にもあるので、“也”は主部と述部の間に置かれています。

(3) 日本語では「も」の位置が変わります。“也”を置く位置によく注意しましょう。

① 述部が同一：他是英国留学生，你**也**是英国留学生吗?
Tā shì Yīngguó liúxuéshēng, Nǐ **yě** shì Yīngguó liúxuéshēng ma?
彼はイギリスの留学生ですが、あなた**も**イギリスの留学生ですか？

② 主部が同一：她是汉语老师，**也**是英语老师。
Tā shì Hànyǔ lǎoshī, **yě** shì Yīngyǔ lǎoshī.
彼女は中国語の先生で、英語の先生**でも**あります。

文法ポイントの理解のために

1 目的語をとる動作動詞 42

[基本文型] X ＋ 是 ＋ Y → X ＋ 動作動詞 ＋ Y（目的語）
（述部）（述部）

我哥哥	**是**	大学生	Wǒ gēge shì dàxuéshēng.	私の兄は大学生です
我	**吃**	面包	Wǒ chī miànbāo.	私はパンを食べます。
我	**喝**	啤酒	Wǒ hē píjiǔ.	私はビールを飲みます。
我	**看**	课本	Wǒ kàn kèběn.	私はテキストを読みます。
我	**听**	音乐	Wǒ tīng yīnyuè.	私は音楽を聞きます。
我	**学**	外语	Wǒ xué wàiyǔ.	私は外国語を勉強します。
我	**写**	汉字	Wǒ xiě Hànzì.	私は漢字を書きます。

❷ 連用修飾構造 43

［基本文型］ 主部X ＋ **也／都／不／** ＋ 述部（動詞＋Y）
主部X ＋ **日時・時刻** ＋ **也／都／不** ＋ 述部（動詞＋Y）

★練習用語彙表5「時刻の言い方」から単語を探しましょう。

（1）我们星期三学英语，你们也星期三学英语，咱们都星期三学英语。
Wǒmen xīngqīsān xué Yīngyǔ, nǐmen yě xīngqīsān xué Yīngyǔ, zánmen dōu xué Yīngyǔ.
私達は水曜日に英語を学び、あなた達も水曜日に英語を学びます。私達は皆水曜日に英語を学びます。

（2）我们每①天早上都八点（钟）吃饭，他们七点半吃饭。
Wǒmen měitiān zǎoshang dōu bādiǎn (zhōng) chī//fàn, tāmen qīdiǎnbàn chī//fàn.
私達は毎朝8時に食事をしますが、彼らは7時半に食事をします。

（3）我爸爸早上不吃面包，也不吃面条，总②是吃米饭。
Wǒ bàba zǎoshang bù chī miànbāo, yě bù chī miàntiáo, zǒngshì chī mǐfàn.
父は朝、パンを食べず、面類も食べないで、いつもご飯を食べます。

（4）今③天晚上我们看中国电视剧。
Jīntiān wǎnshang wǒmen kàn Zhōngguó diànshìjù.
今夜私達は中国のテレビドラマを見ます。

注意

① 日時や人、モノなどに“每”が付くと「どの日時、人、モノも」という意味を表します。普通は副詞の“都”が一緒に使われます。

②「いつも」と訳せる副詞はたくさんあります。“总是”は「例外なく」を強調します。

③ 日付や時刻は主語の前に置いて、主題のように用いることもできます。

第1課の練習問題に取り組みましょう

第2課 在商场买东西 ショッピングモールでの買い物

Dì-èr kè　Zài shāngchǎng mǎi dōngxi.

(A店員、B買い物客)　44

A：欢迎　光临!
Huānyíng guānglín!

B：劳驾，我 买 条 裤子。
Láo//jià, wǒ mǎi tiáo kùzi.

A：这条 白色 的 是 大号 的，那条 黑色 的 是　中号　的。
Zhètiáo báisè de shì dàhào de, nàtiáo hēisè de shì zhōnghào de.

B：我 要 那条　中号　的。　多少　钱?
Wǒ yào nàtiáo zhōnghào de.　Duōshao qián?

A：一百 六十 块。 还 要 别的 吗?
Yìbǎi liùshí kuài. Hái yào biéde ma?

B：这件 白色 的 毛衣 呢?
Zhèjiàn báisè de máoyī ne?

A：两百　二。
Liǎngbǎi èr.

B：那，我 就 买 这　两样。
Nà, wǒ jiù mǎi zhè liǎngyàng.

A：谢谢!　欢迎　再次 光临!
Xièxie!　Huānyíng zàicì guānglín!

教室で使われる表現(1)　45

现在上课。Xiànzài shàng//kè.
これから授業をします。

同学们好! Tóngxuémen hǎo!
皆さん、こんにちは。

老师好!　Lǎoshī hǎo!
先生、こんにちは。

现在开始点名。Xiànzài kāishǐ diǎn//míng.
今から出席を取ります。

(自分の名前)同学。tóngxué. → 到!　Dào!
はい。(到着しています。)

新出語句

46

商场 shāngchǎng（名）ショッピングモール
买 mǎi（動）買う
东西 dōngxi（名）物、品物、商品
欢迎 huānyíng（名）歓迎（動）歓迎する
光临 guānglín（名）ご光臨、ご来訪
欢迎光临 Huānyíngguānglín（套）ようこそいらっしゃいませ
劳驾 láo//jià（套）すみませんが、お手数ですが
条 tiáo（量）～本、～筋（細長い物を数える）
裤子 kùzi（名）ズボン 一条裤子 1着のズボン
白色 bǎisè（名）白色
大号 dàhào 大きいサイズ、Lサイズ
黑色 hēisè（名）黒色
中号 zhōnghào Mサイズ
要 yào（動）欲しい
多少钱 duōshao qián いくらですか
块 kuài（量）（口）元（中国お金の単位）
还 hái（副）さらに、まだ
别的 biéde（代）ほかのもの、ほかの～
件 jiàn（量）～着（服を数える）
毛衣 máoyī（名）セーター
就 jiù（副）"那～就～"前の文との順接関係を示す
两样 liǎngyàng（名）二種、二品
再次 zàicì（副）再度、今一度

文法ポイント

1 指示代名詞 47

	近称(1)	遠称(1)
単数	这 zhè （これ）(2)	那 nà （それ／あれ）(2)
	这个 zhège （これ・この）(3)	那个 nàge (それ・その)／(あれ・あの)(3)
複数	这些 zhèxiē （これら・これらの）	那些 nàxiē (それら・それらの)／(あれら・あれらの)
場所	这儿 zhèr・这里 zhèli （これ・こらち）	那儿 nàr・那里 nàli (そこ・そちら)／(あそこ・あちら)
時間	这些日子 zhèxiē rìzi（この頃） 这几天 zhè jǐ tiān （ここ数日）	那些日子 nà xiē rìzi （その頃／あの頃） 那个时候 nàge shíhou （その時／あの時）

注意

(1) 指示詞の区分は言語によって異なります。中国語や英語は二分法です。日本語は「コソア」の三分法を使っていますから、「ソ」の指示詞がどちらの指示詞に相当するのか注意が必要です。

発話場面にあるモノ、人などを指示する「ソ」は“那”に相当します。
しかし、前の文脈にある内容を指示する時の「ソ」は“这”に相当します。

(2)“这”“那”が日常生活で使われるのは、動詞“是”“叫”の主語になる場合だけです。

① 这是课本，不是小说。Zhè shì kèběn, bú shì xiǎoshuō.
これはテキストで、小説ではありません。

② 这叫圆珠笔，不叫铅笔。Zhè jiào yuánzhūbǐ, bú jiào qiānbǐ.
これはボールペンと言って、鉛筆とは言いません

(3) 他の文法的位置では、すべて**名量詞**と一緒に使います。日常生活で使う量詞としては、“个”が人も数えられる代表的な量詞です。しかし日本語でも「一個の本」と言うと変なように中国語でもどの名詞にどの名量詞を使うのかを覚えましょう。

① 英语课本是这本，德语课本是那本。Yīngyǔ kèběn shì zhèběn, Déyǔ kèběn shì nàběn.
英語のテキストはこれで、ドイツ語のテキストはあれです。

注意

“本”は本を数える量詞です。日本語では「冊(さつ)」に相当します。
「この本」「あの本」は“这本书 zhèběn shū”“那本书 zhèběn shū”と言います。

❷ 連体修飾構造 48

中国語には、名詞を修飾する修飾語と修飾される名詞をつなぐ構造が2種類あります。

2-1 量詞でつなぐ構造

[基本文型]

指示詞 ＋ 数詞（順数固定） ＋ **量詞** ＋ **名詞（被修飾語）**

那三个学生 nà sānge xuésheng
あの三人の学生

注意

(1) 量詞とつなげる順序が決まっています。日本語は自由な並び方をするので中国語の順序が決まっていることを忘れがちです。注意しましょう。
日本語の「三人のあの学生達」を中国語に訳す場合も"那三个学生"になります。

(2) 修飾語となる名詞が何であるかが明確な場合はその名詞を省略してもかまいません。

她买的裙子是这条，我买的裤子是那条。
Tā mǎi de qúnzi shì zhètiáo, wǒ mǎi de kùzi shì nàtiáo.
彼女が買ったスカートはこれで、私が買ったズボンはあれです。

2-2 助詞"的"でつなぐ構造

連体修飾語(1)	的	名詞(被修飾語)(3)
国籍・出身地・使用言語(2)	／	名詞(単語にかぎる)
人称代名詞		親族・所属する機関

注意

(1) 中国語の動詞と形容詞には日本語のような連体活用形がありません。普通に言い切る表現をそのまま、連体修飾にも使います。（形容詞の連体修飾構造の例文は第4課参照）

我吃的饺子是这盘，你买的是那盘。Wǒ chī de jiǎozi shì zhèpán, nǐ mǎi de shì nàpán.
私が食べる餃子はこの皿ので、あなたが買ったのはあの皿のです。

(2)"的"を使わない連体修飾構造の代表例をあげます。

国籍・出身地 中国人 Zhōngguó rén　日本学生 Rìběn xuésheng　北京人 Běijīngrén
上海人 Shànghǎirén

使用言語 汉语老师 Hànyǔ lǎoshī　英语课本 Yīngyǔ kèběn

親族関係 我爸爸 wǒ bàba　你妹妹 nǐ mèimei

所属機関 我们公司 wǒmen gōngsī

(3)修飾される名詞が何であるかが明確な場合、省略してもかまいません。

我妹妹买的毛衣是红的，你妹妹的呢?
Wǒ mèimei mǎi de máoyī shì hóngde, ní mèimei de ne?
私の妹が買ったセーターは赤い色のです、あなたの妹のは？

3 省略疑問文 49

[基本文型]　**(前の文脈で使われている)名詞　+　呢?(語気助詞)**

名詞に続けて軽声で発音します。

聞き手は**述語で述べられていた内容**について、関連のあるコメントで答えねばなりません。

我买的水果是这些，你买的呢?　Wǒ mǎi de shuǐguǒ shì zhèxiē, nǐ mǎi de ne?
私が買った果物はこれらですが、あなたが買ったのは？

文法ポイントの理解のために

1 数量を尋ねる疑問詞 50

1-1 疑問詞“几”

几：単独、位数(10,100,1000などの位)を尋ねる　+　名量詞

几块手表 jǐkuài shǒubiǎo
何個かの腕時計

二十几枝铅笔 èrshijǐ zhī qiānbǐ
二十数本の鉛筆

几十个朋友 jǐshí ge péngyou
何十人かの友達

几百个学生 jǐbǎi ge xuésheng
数百人の学生

注意

(1)“几”は**1～9までの数字**を尋ねる疑問詞です。

(2)“几”は位数も表します。また位数を飛ばす場合には“零líng”を入れます。例えば「101」は“一百零一”と読みます。“一百一”と読んでしまうとそれは「110」となってしまうので注意しましょう。(練習問題語彙表4. 数詞③を参照)

(3)10以上の数であることが明らかであっても、習慣上、時刻と月日には“几”を使います。

① 你的生日几月几号?　Nǐ de shēngrì jǐ yuè jǐ hào?
あなたの誕生日は何月何日ですか？

② 现在几点钟?　Xiànzài jǐ diǎn zhōng?
今、何時ですか？

1-2 疑問詞“多少”

数量が10以上だとわかっている場合に、量詞を付けずに直接名詞に付けて尋ねます。また、電話番号、部屋番号などを尋ねる場合には習慣上“多少”を使います。

① 你的电话号码／房间号码(是)多少(号)？
Nǐ de diànhuà hàomǎ / fángjiān hàomǎ (shì) duōshao (hào)?
あなたの電話番号／部屋番号は何番ですか？

→我的是511—3110(号)。Wǒ de shì wǔ yāo yāo sān yāo yāo líng (hào).
私のは…

② 一共多少钱? Yígòng duōshao qián?
全部でいくらですか？（値段を尋ねる）

→52块8(毛)。Wǔshièr kuài bā (máo). ※普通最後の位数になる“毛”はカットする。
52元8(角)です。

2 省略疑問文のいろいろ 51

(1) 我们的汉语老师是陶老师，你们的呢?
Wǒmen de Hànyǔ lǎoshī shì Táo lǎoshī, nǐmen de ne?
私達の中国語の先生は陶先生です。あなた達のは？

→ ①我们的是大泷老师。
→ Wǒmen de shì Dàlóng lǎoshī.
私達のは大滝先生です。

(2) ②我们公司星期六不上班，你们呢?
Wǒmen gōngsī xīngqīliù bú shàng//bān, nǐmen ne?
私達の会社は土曜日に働きませんが、あなた達は？

→ 我们公司也不上班。
→ Wǒmen gōngsī yě bú shàng//bān.
私たちの会社も働きません。

注意

① 日本語訳は失礼な言い方になりますが、中国語ではOKです。

② 日本語では「私の会社」と言えますが、中国語では組織は一人のものではないのでいつも複数です。

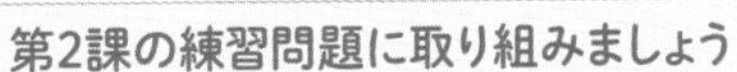
第2課の練習問題に取り組みましょう

第 3 課　校园里的生活　キャンパス内の生活

Dì-sān kè　　Xiàoyuánli de shēnghuó

（A留学生、B日本人学生）　52

A：请问，　大学　里面　有　银行　吗?
Qǐngwèn,　dàxué　lǐmian　yǒu　yínháng　ma?

B：没有，　大学　对面　有　两家　银行。
Méiyǒu,　dàxué　duìmiàn　yǒu　liǎngjiā　yínháng.

A：书店　在　哪儿?
Shūdiàn　zài　nǎr?

B：书店　在　西餐厅　南边儿。
Shūdiàn　zài　xīcāntīng　nánbianr.

A：你　在　哪儿　吃　午饭?
Nǐ　zài　nǎr　chī　wǔfàn?

B：我　在　图书馆　旁边儿　的　食堂　吃　午饭。　咱们　一起　去　吧。
Wǒ　zài　túshūguǎn　pángbiānr　de　shítáng　chī　wǔfàn.　Zánmen　yìqǐ　qù　ba.

A：好吧。　你　午饭　吃　什么?
Hǎoba.　Nǐ　wǔfàn　chī　shénme?

B：我　吃　一碗　拉面、一盘　饺子。你　呢?
Wǒ　chī　yìwǎn　lāmiàn、yìpán　jiǎozi.　Nǐ　ne?

A：我　要　一份儿　炒饭。
Wǒ　yào　yífènr　chǎofàn.

教室で使われる表現 (2)　53

请打开课本。Qǐng dǎkāi kèběn.
　テキストを開いてください。

今天学习第一课。Jīntiān xuéxí dì yī kè.
　今日は第一課を勉強します。

请看第四页。Qǐng kàn dì sì yè.
　4ページを見てください。

我们一起练习发音。Wǒmen yìqǐ liànxí fāyīn.
　一緒に発音を練習しましょう。

请跟我念。Qǐng gēn wǒ niàn.
　私に続いて読んでください(声を出して)。

很好！　Hěn hǎo!
　よくできました。

新出語句

54

生活 shēnghuó（名）生活
里面 lǐmian（方）～の中 内側
有 yǒu（動）ある、いる、持っている
银行 yínháng（名）銀行
对面 duìmiàn（方）向い側、真正面
家 jiā（量）軒（名）家
书店 shūdiàn（名）本屋
在 zài（動）～にある（いる）
哪儿 nǎr（代）どこ
西餐厅 xīcāntīng（名）西洋料理店
南边儿 nánbianr（方）南側
午饭 wǔfàn （名）昼ご飯
图书馆 túshūguǎn（名）図書館
旁边儿 pángbiānr（方）隣、そば
食堂 shítáng（名）食堂
一起 yìqǐ（副）一緒に
去 qù（動）行く
吧 ba（助）話し手の断定しきらない語気に添える
好吧 hǎo ba（応）いいでしょう
碗 wǎn（量）碗、鉢に入れた物を数える
拉面 lāmiàn（名）ラーメン
盘 pán（量）大きな皿を数える
呢 ne（助）聞き手の注目をひくための語気を添える
一份儿 yífènr（量）一人前

文法ポイント

1 存在を表す基本動詞"在""有" 55

中国語では"在""有"を日本語の「ある・いる」と訳すことができます。

主語	否定副詞③		目的語
人･動物／モノ(特定)①	不／没	在	**場所を表す**名詞句②
場所を表す名詞句②	没	有	人･動物／モノ(不特定)①

1-1 "在"文型　[(特定)人・動物／モノ]　が(は)　[～の場所に]ある／いる。

① 星期六上午妈妈在家，爸爸在公司。
Xīngqīliù shàngwǔ māma zài jiā, bàba zài gōngsī.
土曜日の午前中、お母さんは家に、お父さんは会社にいます。

② 李老师没在教室，在食堂。　Lǐ lǎoshī méi zài jiàoshì, zài shítáng.
李先生は教室にいません、食堂にいます。

③ 那个手机没在我的书包里。　Nà ge shǒujī méi zài wǒ de shūbāoli.
あの携帯電話は私のかばんに入っていません。

④ 对不起，我明天不在家。　Duìbuqǐ, wǒ míngtiān bú zài jiā.
すみません、私は明日家にいません。

注意

① 固有名詞(李老师)、指示詞がついた名詞句(那个手机)は名詞の特定表現の代表的な形式です。

② 中国語の名詞の多くはそのままでは場所を表すことができません。後ろに方位詞(後述)を付けて(书包里)、はじめて場所を表すことができます。

③ 中国語の動詞の多くは、**"不""没"の二つの否定副詞**をとることができます。
"不"は話し手が、状態や出来事や考え方を意識的に否定するために使います。
"没"は事実になっていないこと(未発現の事実)を描写するために使います。
"不"しか使わない動詞："是""叫""知道""觉得""担心"(補充)心理知覚動詞
"没"しか使わない動詞："有"

1-2 "有"文型　[～の場所に](は)[(不特定)人・動物／モノ]　がある／いる。

① 这个教室有两位我们的老师。Zhège jiàoshì yǒu liǎngwèi wǒmen de lǎoshī.
この教室には2人の私達の先生がいらっしゃいます。

② 饭桌上没有肉菜，只有一碗蔬菜汤。
Fànzhuōshang méi yǒu ròucài, zhǐyǒu yìwǎn shūcài tāng.
食卓には肉料理がなくて、野菜スープがあるだけです。

③ 我们班后天没有历史课，也没有音乐课。
Wǒmen bān hòutiān méi yǒu lìshǐ kè, yě méi yǒu yīnyuè kè.
私のクラスでは明後日、歴史の授業がなくて、音楽の授業もありません。

注意

① 数量詞(两位)と“的”でつなぐ連体修飾語(我们的)は、名詞の不特定表現の代表的な形式です。

② 日本語では「～の上に」と言わずにすむ名詞(桌子)でも、方位詞(上)を付けねばなりません。この場合、机の「表面」を表し「上方に」という意味はありません。

2 疑問代名詞 56

中国語では、答えとして求めたい名詞の位置に疑問詞を置いて、疑問文を作ります。

	いつ	どこ	誰	何
基本	什么时候 shénme shíhou	哪儿 nǎr	谁 shéi	什么 (2) shénme
応用	哪个时候 nǎge shíhou	什么地方 shénme dìfang	什么人 shénme rén	什么东西 shénme dōngxi
(こそあ)ど (1)	哪年・哪天 nǎnián, nǎtiān	哪个地方 nǎge dìfang	哪个人 nǎge rén	哪个 nǎge

注意

(1)“哪”は“这”“那”と同じ使い方をし、「コソアド」の「ド」と同様、「複数の選択肢から選び出した答え」を求めます。

(2)“什么”は連体修飾語として使うと「なんの」「どんな」という幅広い内容を尋ねます。修飾される名詞の前に直接置き、量詞も助詞“的”も不要です。

① 你什么时候去纽约? Nǐ shénme shíhou qù Niǔyuē? → 今年暑假去。Jīnnián shǔjià qù.
あなたはいつニューヨークに行きますか？ 今年の夏休に行きます。

② 请问，洗手间在哪儿? Qǐng wèn, xǐshǒujiān zài nǎr? → 在那儿。Zài nàr.
お尋ねします、お手洗いはどこにありますか？ あそこです。

③ 那些杂志是谁的? Nàxiē zázhì shì shéi de?
あれらの雑誌は誰のですか？

→ 都是我妹妹的。Dōu shì wǒ mèimei de.
全部私の妹の(もの)です。

④ 你的书包里都有什么? Nǐde shūbāoli dōu yǒu shénme?
あなたのかばんには何が入っていますか？
(“都”を使う質問では、複数の回答を期待しています。)

→ 有本子、词典，还有眼镜。Yǒu běnzi、cídiǎn, háiyǒu yǎnjìng.
ノート、辞典それに眼鏡もあります。

❸ "在"の介詞用法 57

"在"には1で学んだ述語動詞としての用法以外に、介詞構造を構成する「介詞」としての用法があります。介詞構造は中国語の代表的な連用修飾構造で、主語と述語の間に置きます。

文法成分	主語	介詞	介詞の目的語	述語
	動作主	在	**場所名詞**	動作行為

① 你爸爸在哪儿工作? Nǐ bàba zài nǎr gōngzuò?
あなたのお父さんはどこで働いていますか？

→ 他在北京工作。Tā zài Běijīng gōngzuò.
彼は北京で働いています。

② 老师在前面讲课，学生们在下面听课。
Lǎoshī zài qiánmian jiǎng//kè, xuéshengmen zài xiàmian tīng//kè.
先生は前の方で講義をし、学生達は下の（座席が低く下がっている）方で聞いています。

❹ 語気助詞"吧" 58

文末に置き、軽声で発音します。話し手が「文の内容を七分ぐらいしか保証せず、三分は断言していない」というニュアンスを含みます。

我们一起学汉语吧。
Wǒmen yìqǐ xué Hànyǔ ba.
私達いっしょに中国語を勉強しましょう。

❶ 方位詞 59

モノの名詞を、場所を表す名詞（場所詞）に変化させる機能を持ちます。
動詞の"在""到"などの目的語になり、日本語にはない品詞です。

(1) ＼ (2)	上 shàng	下 xià	前 qián	后 hòu	里 lǐ	外 wài	左 zuǒ	右 yòu
边儿 bianr	上边儿	下边儿	前边儿	后边儿	里边儿	外边儿	左边儿	右边儿
面 mian	上面	下面	前面	后面	里面	外面	左面	右面

(3)**【補充】**旁边儿 pángbiānr（側、傍ら） 对面 duìmiàn（向い側） 中间 zhōngjiān（間）

注意

(1) 名詞の後に直接付け、その名詞は場所を表す名詞となります。特によく使われる“上”には「物体の表面」「乗り物の中」など日本語では表さない意味があります。

① 下午家里有几位客人? Xiàwǔ jiālǐ yǒu jǐwèi kèrén?
午後家には何人のお客さんがいますか?

② 车上有什么人? Chēshàng yǒu shénme rén?
車にはどんな人がいますか?

(2)“上下前後里外左右”の後に付け、独立した名詞(方位名詞)として使います。

① 宿舍的左边儿有图书馆, 右边儿有食堂。Sùshè de zuǒbianr yǒu túshūguǎn, yòubianr yǒu shítáng.
宿舎の左側には図書館があり、右側には食堂があります。

② 黑板的上边儿有一张画儿。Hēibǎn de shàngbiānr yǒu yīzhāng huàr.
黒板の上方に1枚の絵があります。

(3) ① 中国餐厅在日本餐厅和西餐厅的中间。
Zhōngguó cāntīng zài Rìběn cāntīng hé xīcāntīng de zhōngjiān.
中国レストランは日本レストランと西洋レストランの間にあります。

② 李同学的座席在张同学的旁边儿。Lǐ tóngxué de zuòxí zài Zhāng tóngxué de pángbiānr.
李くんの座席は張くんの側にあります。

2 “吧”の用法のいろいろ 60

“吧”は文脈や音調によってさまざまな意味を表します。

2-1 平叙文:日本語訳は文の主語の人称によって変化します。

一人称「やわらかい意思表示」	我在这儿吧。Wǒ zài zhèr ba.(私はここにいましょう。)
「提案」	咱们在这儿吧。Zánmen zài zhèr ba.(私達ここにいましょう。)
二人称「やわらかい命令・願い」	你在这儿吧。Nǐ zài zhèr ba.(あなたはここにいてください。)
三人称「推量」	他在那儿吧。Tā zài nàr ba.(彼はあそこにいるでしょう。)

2-2 疑問文:文末を上昇イントネーションで発音すると、推量疑問文(~でしょう?)を表します。

你也是大学生吧? Nǐ yě shì dàxuéshēng ba?
あなたも大学生でしょう?

外语课每天都有作业吧? Wàiyǔkè měitiān dōu yǒu zuòyè ba?
外国語の授業では毎日宿題があるでしょう?

第3課の練習問題に取り組みましょう

第 4 課　给朋友打电话 友達への電話

Dì-sì kè　Gěi péngyou dǎ diànhuà

（A電話をかけた友達、B電話を受けた学生）　61

A：今天　东京　天气　怎么样?
Jīntiān Dōngjīng tiānqì zěnmeyàng?

B：很好。不 冷 也 不 热。
Hěnhǎo. Bù lěng yě bú rè.

A：最近 学习　忙　吗?
Zuìjìn xuéxí máng ma?

B：作业 多，比较　忙。
Zuòyè duō, bǐjiào máng.

A：这 学期 课 多 吗?
Zhè xuéqī kè duō ma?

B：不少，一个 星期 有 十六 节 课。
Bùshǎo, yíge xīngqī yǒu shíliù jié kè.

A：从 宿舍 到 教室 有 多 远?
Cóng sùshè dào jiàoshì yǒu duō yuǎn?

B：不 远，十分钟　就 到 了。
Bù yuǎn, shífēnzhōng jiù dào le.

教室で使われる表現（3）　62

请看黑板。Qǐng kàn hēibǎn.
　黒板を見てください。

老师，请再说一遍。Lǎoshī, qǐng zài shuō yíbiàn.
　先生、もう一度おっしゃってください。

有问题吗?　Yǒu wènti ma?
　質問がありますか？

我有问题。/没有。Wǒ yǒu wèntí. / Méi yǒu.
　質問があります。/ありません。

明白了吗?　Míngbai le ma?
　わかりましたか？

明白了/不明白。Míngbai le. / Bù míngbai.
　わかりました。/わかりません。

新 出 語 句

🔊 63

给 gěi（介）～に、のために
打 dǎ（動）かける
天气 tiānqì（名）天気
怎么样 zěnmeyàng（代）いかがですか
冷 lěng（形）寒い
热 rè（形）暑い、熱い
最近 zuìjìn（名）最近
学习 xuéxí（名）学習（動）勉強する
忙 máng（形）忙しい
比较 bǐjiào（副）比較的、わりと
学期 xuéqī（名）学期
课 kè（名）授業、教科
上课 shàng//kè（動）授業をする、授業に出る
少 shǎo（形）少ない
星期 xīngqī（名）一週間
节 jié（量）コマ数を数える
从～到～ cóng~dào ～（介）～から～まで
宿舍 sùshè（名）宿舍
多 duō（副）どのぐらい（数量を聞く）
远 yuǎn（形）遠い
分钟 fēnzhōng（量）～分間
到 dào（動）着く、到着する

文法ポイント

1 形容詞述語文 64

中国語の形容詞には、以下の特徴があります。

(1) 目的語をとりません。

(2) 否定副詞は“不”しか使いません。

(3) 程度を区別する副詞、補語(形容詞や動詞の後に付く)を使うことができます。

① 这个菜非常好吃，这瓶酒也很好喝。Zhège cài fēicháng hǎochī, zhèpíng jiǔ yě hěn hǎohē.
この料理は非常においしい、このお酒もとてもおいしいです。

② 今天的汉语考试很难，英语考试比较容易。
Jīntiān de Hànyǔ kǎoshì hěn nán, Yīngyǔ kǎoshì bǐjiào róngyì.
今日の中国語の試験は難しかったが、英語の試験は比較的易しかった。

③ 那个箱子里的苹果大，这个箱子里的小。
Nàge xiāngzi lǐ de píngguǒ dà, zhège xiāngzi lǐ de xiǎo.
あそこの箱のリンゴは大きくて、ここの箱のリンゴは小さい。

④ 那家商店的东西贵极了，这家的便宜一点儿。
Nàjiā shāngdiàn de dōngxi guìjíle, zhèjiā de piányi yìdiǎnr.
あの商店の品物はすごく高価で、この商店のは少し安い。

注意

① “好”+単音節動詞できた形容詞(～しやすい→派生)
好用(使いやすい)　好吃、好喝(おいしい)　好看、好听(綺麗だ)

③ 単音節形容詞に副詞を付けない場合、比較表現をとる必要があります。

④ 形容詞の後ろに程度表現を付けると、極限の意味か比較した結果の程度の差を表します。

2 主述述語文 65

述語となる品詞は主に形容詞です。

	大主語	小主語	述語
日本語訳の代表例	名詞(**は**)	名詞(**が**)	形容詞(**～い。～だ。**)

① 爸爸工作很忙吗? Bàba gōngzuò hěn máng ma? → 不，不太忙。Bù, bútài máng.
お父さん**は**お仕事**が**忙しいですか？ → いいえ、あまり忙しくありません。

② 上海交通方便吗? Shànghǎi jiāotōng fāngbiàn ma? → 对，特别方便。Duì, tèbié fāngbiàn.
上海**は**交通**が**便利ですか？ → はい、すごく便利です。

③ 你哪儿不舒服? Nǐ nǎr bù shūfu? → 我肚子疼。Wǒ dùzi téng.
あなた**は**どこ**が**具合悪いですか？ （私は）お腹が痛いです。

3 疑問形容詞"怎么样" 66

「いかがですか？」と、今の状態を答えてほしい場合に使う疑問詞です。

① 京都最近天气怎么样? Jīngdū zuìjìn tiānqì zěnmeyàng? → 有点儿热。Yǒudiǎnr rè.
京都は最近、お天気はどんな具合ですか？ → 少し暑いです。

② 你父母身体怎么样? Nǐ fùmǔ shēntǐ zěnmeyàng?
ご両親はお加減（健康状態）いかがですか？

→ 他们都很好，谢谢! Tāmen dōu hěn hǎo, xièxie!
2人とも元気です。ありがとう。

注意

① "有点儿～ "には" ～一点儿"のような何かと比較するという前提はありません。

【補充】疑問形容詞"什么样的 shénmeyàng de"

「どのような～」と、連体修飾部分を詳しく聞く場合によく使います。

① 什么样的方法最好? Shénmeyàng de fāngfǎ zuì hǎo?
どのような方法が最良ですか？

→ 他们去年用的方法最好。Tāmen qùnián yòng de fāngfǎ zuì hǎo.
彼らが去年使った方法が最良です。

4 "从""到""离"の介詞用法 67

距離を表す形容表現をするために「始点**カラ**終点**マデ**」を指定します。

4-1

［基本文型］ **从（始点X） ＋ 到（終点Y）** **（X,Yに場所名詞を入れる）**

① 从你家到学校有多远? Cóng nǐ jiā dào xuéxiào yǒu duō yuǎn?
あなたの家から学校までどれくらい（距離が）ありますか？

→ 有一公里。Yǒu yì gōnglǐ.
1キロです。

② 从你家到学校要多长时间? Cóng nǐ jiā dào xuéxiào yào duō cháng shíjiān?
あなたの家から学校までどれくらい（時間が）かかりますか？

→ 要一个半小时。Yào yíge bàn xiǎoshí.
1時間半かかります。

注意

① 距離の表現には必ず2つの介詞を一緒に使います。
単独で“从”だけ“到”だけを使う場合は移動動詞を修飾する場合です。

②「移動するためにかかる所要時間」を表現するには、動詞“要”を使います。所要時間が主観的に短くて「すぐ到着する」と言いたい時、「所要時間＋“就”“到”」と表現できます。

4-2

［基本文型］ **X ＋ 离 ＋ Y ＋ ～** **（X, Yに場所名詞を入れる）**

你家离学校有多远? Nǐ jiā lí xuéxiào yǒu duō yuǎn? → 有两公里。Yǒu liǎng gōnglǐ.
あなたの家は学校からどれくらいありますか？ ２キロあります。

注意

(1)「Xは」を主語にし、「Yから～離れている」という視点で、XとYの距離を表現します。
(2) 普通は所要時間を表わさずに動詞“要”と一緒に使うことはできません。

文法ポイントの理解のために

1 単音節形容詞の文法的特徴 68

(1) 単独で述語に使うと、必ず対比の意味を表します。
(2) 計量形容詞では、＋方向の意味を表す形容詞（右図参照）がその属性を代表し、程度を尋ねる疑問構造で使われます。
“有 ＋ 多 ＋ ～”「どれくらい～？、～はどれくらい？」に使われる。

プラス方向の形容詞“重”“深”の用例：

你瘦了吧，有多重? Nǐ shòu le ba, yǒu duō zhòng?
あなた、痩せたでしょう、体重いくらですか？

→ 现在有55公斤重。Xiànzài yǒu wǔshiwǔ gōngjīn zhòng.
今、55キロです。

你们学校的游泳池有多深? Nǐmen xuéxiào de yóuyǒngchí yǒu duō shēn?
あなたの学校のプールはどれくらいの深さですか？

→ 大概有一米深吧。Dàgài yǒu yīmǐ shēn ba.
だいたい1メートルでしょう。

計量形容詞リスト

	形容詞	疑問形式と日本語訳	形容詞	疑問形式と日本語訳	形容詞	疑問形式と日本語訳
+	大 dà	有多大?	高 gāo	有多高?	重 zhòng	有多重?
−	小 xiǎo	大きさはどれくらい?	低 dī	高さはどれくらい?	轻 qīng	重さはどれくらい?
+	长 cháng	有多长?	深 shēn	有多深?	快 kuài	有多快?
−	短 duǎn	長さはどれくらい?	浅 qiǎn	深さはどれくらい?	慢 màn	速さはどれくらい?
+	粗 cū	有多粗?	宽 kuān	有多宽?	晚 wǎn	有多晚?
−	细 xì	太さはどれくらい?	窄 zhǎi	幅はどれくらい?	早 zǎo	(時刻)どれくらい遅い?
+	厚 hòu	有多厚?	远 yuǎn	有多远?	贵 guì	有多贵?
−	薄 bó	厚さはどれくらい?	近 jìn	距離はどれくらい?	便宜 piányi	どれくらい高いですか?

【補充】：重さ：公斤 gōngjīn(1000克＝kg)、斤 jīn(500克)、克 kè＝g
長さ：米 mǐ(m)、厘米 límǐ(cm)
広さ：平方米 píngfāngmǐ(m^2)
距離：公里 gōnglǐ(1000米＝km)

2 名詞述語文(年齢・金銭) 69

ともに述語部分が数量詞になります。時刻を述べる文のように、主語の後に動詞"是"を使わず、直接数量詞を付けて述語にするので**名詞述語文**としてまとめられます。

否定文をつくる場合にかぎり、判断動詞"不是"を使います。

2-1 年齢の見当のつけ方で異なる尋ね方

① (10歳以下)你儿子几岁了? Nǐ érzi jǐ suì le? → 我儿子八岁了。Wǒ érzi bā suì le.

② (40歳までの見当)你女儿今年多大了? Nǐ nǚ'ér jīnnián duōdà le?
二十几岁了? Èrshí jǐ suì le?

③ (自分より年長の方)老李今年多大岁数了? Lǎo Lǐ jīnnián duōdà suìshū le?
→ 他五十九岁了。Tā wǔshijiǔ suì le.

④ (70歳以上のご老人)您老人家今年高寿? Nín lǎorénjiā jīnnián gāoshòu?
→ 我今年八十五岁了。Wǒ jīnnián bāshiwǔ suì le.

2-2 値段の尋ね方

① 这条裤子多少钱? Zhètiáo kùzi duōshao qián?
このズボンはいくらですか?

② 这顶帽子一百一十块，有点儿贵。Zhèdǐng màozi yìbǎi yīshí kuài, yǒudiǎnr guì.
この帽子は110元です、少し高いです。

第4課の練習問題に取り組みましょう

第 5 課 在公园 公園で

Zài gōngyuán

Dì-wǔ kè

（A教師、B日本人学生） 70

A：早上 好！
Zǎoshang hǎo!

B：吴 老师， 早上 好！ 您 今天 是 怎么 来 公园 的？
Wú lǎoshī, Zǎoshang hǎo! Nín jīntiān shì zěnme lái gōngyuán de?

A：我 是 走 着 来 的， 你 呢？
Wǒ shì zǒu zhe lái de, nǐ ne?

B：我 是 骑 自行车 来 的。 您 是 来 公园 做 晨练 的 吧？
Wǒ shì qí zìxíngchē lái de. Nín shì lái gōngyuán zuò chénliàn de ba?

A：对， 我 对 广场舞 很 感 兴趣。 我 来 学 跳 广场舞。 你 呢？
Duì, wǒ duì guǎngchǎngwǔ hěn gǎn xìngqù. Wǒ lái xué tiào guǎngchǎngwǔ. Nǐ ne?

B：我 上 台阶 去 那边 学 打 太极拳， 要 锻炼 锻炼 身体。
Wǒ shàng táijiē qù nàbian xué dǎ tàijíquán, yào duànliàn duànliàn shēntǐ.

A：广场舞 和 太极拳 都 是 中国人 喜爱 的 健身 运动。
Guǎngchǎngwǔ hé tàijíquán dōu shì Zhōngguó rén xǐ'ài de jiànshēn yùndòng.

B：是 啊。 我 想 学会， 回 日本 去 教 我 的 好 朋友。
Shì a. Wǒ xiǎng xuéhuì, huí Rìběn qù jiāo wǒ de hǎo péngyou.

よく使う挨拶言葉 71

老师，您早！ Lǎoshī, nín zǎo!
　先生、おはようございます。
中午好！ Zhōngwǔ hǎo!
下午好！ Xiàwǔ hǎo!
　こんにちは。
晚上好！ Wǎnshang hǎo!
　こんはんば。
晚安！ Wǎn'ān!
　おやすみなさい。

打扰您了！ Dǎrǎo nín le!
　お邪魔します
你来了！ Nǐ lái le!
　いらっしゃい！
好久没见了，好吗？
Hǎojiǔ méi jiàn le, hǎo ma?
　お久しぶりですね。お元気ですか？
※行ってきます、いただきます、ごちそうさまは中国語には決まり文句がありません。

1
2
3
4
1
2
3
4
5
6
7
8
9
10
11
12
在公园

新出語句

72

公园 gōngyuán（名）公園

吴 Wú（名）中国人の姓

怎么 zěnme（副）どうやって　どうして

来 lái（動）来る

走 zǒu（動）歩く

着 zhe（助）動態助詞：～しながら
（第6課で学習）

骑 qí（動）またがって乗る

自行车 zìxíngchē（名）自転車

做 zuò（動）する、やる、作る

晨练 chénliàn（名）朝のトレーニング

对 duì（介）～に対して、～について

广场舞 guǎngchǎngwǔ（名）広場で楽しむ踊り

感兴趣 gǎnxìngqu（動）興味をもつ

跳舞 tiào//wǔ（動）踊る

台阶 táijiē（名）屋外の階段

打 tǎ（スポーツ、アルバイトなど）する

太极拳 tàijíquán（名）太極拳

锻炼 duànliàn（動）鍛える

喜爱 xǐ'ài（動）愛好する、好む

健身运动 jiànshēn yùndòng（名）健康保持の運動

学会 xuéhuì（動）習得する

教 jiāo（動）教える

文法ポイント

1 動詞“来”“去” 73

1-1 移動を表す「～に来る」「～へ行く」

(1) 目的語として場所詞を取ります。

中国朋友明天来日本。Zhōngguó péngyou míngtiān lái Rìběn.
中国の友人が明日日本へ来ます。

1-2 連動述語構造(1)「～に来て～する」「～へ行って～する」

(1) ある場所へ移動して動作行為を行います。

我去美术馆看中国画展。Wǒ qù měishùguǎn kàn Zhōngguó huàzhǎn.
私は美術館へ行って中国絵画展を見ます。

(2) 連用修飾語(副詞や介詞構造)は、“来”“去”の前に置きます。

① 孩子们每天都来这个公园玩儿。Háizimen měitiān dōu lái zhège gōngyuán wánr.
子供達は毎日この公園に来て遊びます。

② 爷爷不去医院看病，一直在家休息。Yéye bú qù yīyuàn kàn//bìng, yìzhí zài jiā xiūxi.
おじいさんは病院へ行って診察を受けずに、ずっと家で休んでいます。

注意
①②後ろの動詞が表す動作行為は「～するために」と目的と見なすことができます。

2 方向補語と移動動詞 74

2-1 方向補語

近づいて来るか、離れて行くかは話し手の視点で判断します。

	上shàng	下xià	进jìn	出chū	回huí	过guò	起qǐ
来	上来	下来	进来	出来	回来	过来	起来
去	上去	下去	进去	出去	回去	过去	

2-2 移動動詞

人・動物　走 zǒu (歩く)　跑 pǎo (走る)　爬 pá (登る)
乗り物　飞 fēi (飛ぶ)　开 kāi (運転されて動く)　骑 qí (またがって乗る)
品物(所持方法)　带 dài (携帯している)　拿 ná (手に持つ)　借 jiè (借りる)

2-3 方向補語を使う動詞句と場所詞の位置⊕

(1)移動動詞 ⊕ “来”“去”
(2)移動動詞 ＋ “上 下 进 出 回 过 起”
(3) “上 下 进 出 回 过 起”⊕“来” “去”
(4)移動動詞 ＋ 上⊕来 下⊕来 进⊕来 出⊕来 回⊕来 过⊕来 起⊕来
上⊕去 下⊕去 进⊕去 出⊕去 回⊕去 过⊕去

注意
(1)(3)(4) 場所詞を置く位置は“来”“去”のすぐ前です。

① 走来走去 zǒulái zǒuqù. 走过来吧! zǒuguò lai ba!
行ったり来たりしている。 こっちに来なさい！

② 骑上自行车，快走吧! Qíshàng zìxíngchē, kuài zǒu ba!
自転車に乗って、早く出かけなさい。(走zǒu：その場からいなくなる→出発する)

③ 你几点钟回单位来? Nǐ jǐdiǎnzhōng huí dānwèi lai?
あなたは何時に職場に帰ってきますか？

④ 他每次都第一个走进教室去。Tā měicì dōu dìyīge zǒujìn jiàoshì qu.
彼は毎回一番先に教室へ入って行きます。

3 疑問副詞“怎么” 75

3-1 動作行為の方法(How ?)を尋ねる。「どうやって」「どんなふうに」

① 去天安门怎么走? Qù Tiān'ānmén zěnme zǒu?
天安門へはどうやって行きますか？

② 这种水果用汉语怎么说? Zhèzhǒng shuǐguǒ yòng Hànyǔ zěnme shuō?
この果物は中国語でどう言いますか？

3-2 理由(Why ?)を尋ねる。「どうして」

① 你昨天怎么没来? Nǐ zuótiān zěnme méi lái?
あなたは昨日どうして来なかったの？

② 你怎么不喝咖啡，只喝茶? Nǐ zěnme bù hē kāfēi, zhǐ hē chá.
どうしてコーヒーを飲まないで、お茶しか飲まないの？

③ 他怎么昨天没走，今天走? Tā zěnme zuótiān méi zǒu, jīntiān zǒu?
彼はどうして昨日出かけずに、今日出かけるのですか？

注意
“为什么? ”「なぜ？」も理由を聞く語句です。こちらは議論や非難するニュアンスを伴います。

❹ 説明構文"是～的" 76

4-1 説明構文を使用する前提条件

(1) すでに完了している動作行為について説明します。

(2) 説明の対象は、動作行為と関連した4つの焦点(誰が、いつ、どこで、どのように)です。

[基本文型] **"是"～動作行為+焦点～"的"**

(代表的日本語訳)「～したのだ／です」(日本語文法では「のだ構文」という)を用います。

4-2 構文の使い方

(1)"是"は肯定文の場合は省略可能です。"的"は必ず使わねばなりません。

(2)"的"は語気助詞で文末に置かれます。ただ、動作行為を表す動詞句に目的語がある場合は「動詞の直後」に置いてもかまいません。

你是在哪儿开会的?
Nǐ shì zài nǎr kāi//huì de?
あなたはどこで会議に出たのですか?

→ 我在英国开的会。
wǒ zài Yīngguó kāi de huì.
イギリスで会議に出たのです。

(3) 否定文は"不是～的"となり、"是～的"の間に否定形は入りません。

是他寄来这封信，不是妈妈寄来的。Shì tā jìlái zhèfēng xìn, bú shì māma jìlái de.
彼がこの手紙を送ってきたのであって、お母さんが送ってきたのではありません。

文法ポイントの理解のために

❶ 連動述語構文(2) 77

移動方法を移動動詞の前で表します。

① 我不坐车去，自己开车去。Wǒ bú zuò chē qù, zìjǐ kāi//chē qù.
私は自動車に乗ってではなく、自分で運転していきます。

② 他骑自行车上下班，不骑摩托车。Tā qí zìxíngchē shàngxià//bān, bù qí mōtuōchē.
彼は自転車で通勤し、バイクには乗りません。

❷ 姿態動詞と方向補語 78

方向補語のリスト(P.44)で、網掛け部分の語句は「複合方向補語」と呼ばれます。
"来""去"と7個の動詞"上　下　进　出　回　过　起"は単純方向補語と呼ばれます。
人の姿態を表す動詞"站 zhàn"(立つ)"躺 tǎng"(横になる)は、方向補語を後ろに付けなければ

使うことができない特殊な動詞です。

站起来 zhàn qǐlái(立つ→立ち上がる)　　　躺下 tǎng xià(寝る→横になる)

"坐zuò"も姿態を表しますが、"请坐！"(お座りください)のように独立して使えます。ただ、ポーズを指図する場合は通常方向補語を付けます。

坐下zuòxià(座りなさい！)　　坐起来 zuò qǐlái ((ベッドで)身を起こす)

3 方向補語の派生語代表例 79

3-1 "～上""～下"上下の方向への移動→「付着する」「収納できる」

① 请关上门吧！ Qǐng guānshàng mén ba! どうぞドアを閉めて下さい！

② 车上只能坐下五个人。Chēshàng zhǐnéng zuòxià wǔge rén. 車に5人しか乗れません。

3-2 "～起来""～下去"上がる、下がる移動→「～し始める」「～し続ける」「～して下さい」

① 大家都笑起来了。Dàjiā dōu xiàoqǐlái le. 皆が一斉に笑い出した。

② 请老师讲下去吧。Qǐng lǎoshī jiǎngxiàqù ba. 先生どうぞ講義を続けてください。

4 "是～的"説明構文のいろいろ 80

① **時間**：你是哪年生的？ Nǐ shì nǎnián shēng de? あなたは何年生まれですか？

→(回答) 我是2004年生的。Wǒ shì èrlínglíngsì nián shēng de.
私は2004年生まれです。

② **場所**：那位客人从哪儿来的？ Nà wèi kèrén cóng nǎr lái de?
そのお客さんはどこからきたのですか？

→(回答) 她从台湾来的。Tā cóng Táiwān lái de.
彼女は台湾から来ました。

③ **方法**：今天的会议他怎么来的？ Jīntiān de huìyì tā zěnme lái de?
今日の会議には彼はどうやって来たのですか？

→(回答) 他打车来的。Tā dǎ//chē lái de. 彼はタクシーで来ました。

④ **動作主**：是谁买的这件毛衣？ Shì shuí mǎi de zhèjiàn máoyī?
誰がこのセーターを買ったのですか？

→(回答) 是爷爷买的。Shì yéye mǎi de. 祖父が買ったのです。

第5課の練習問題に取り組みましょう

第 6 課 在机场 空港での出会い

Zǎi jīchǎng

Dì-liù kè

（A、B友人関係）

81

A：好久 不见！ 你 为什么 来 机场 了？
Hǎojiǔ bújiàn! Nǐ wèishénme lái jīchǎng le?

B：我 来 接 妹妹，在 等 她。你 呢？
Wǒ lái jiē mèimei, zài děng tā. Nǐ ne?

A：我 刚 送了 朋友。 你 等了 多长 时间 了？
Wǒ gāng sòngle péngyou. Nǐ děngle duōcháng shíjiān le?

B：我 边 喝着 咖啡 边 看着 手机。 等了 一 个 半 小时 了。
Wǒ biān hēzhe kāfēi biān kànzhe shǒujī. Děngle yí ge bàn xiǎoshí le.

A：欸！ 大厅 里 传来了 很 动人 的 乐曲，你 听过 吗？
Ēi! Dàtīng lǐ chuánlaile hěn dòngrén de yuèqǔ, nǐ tīngguo ma?

B：我 好像 听过 似的， 真 好听！
Wǒ hǎoxiàng tīngguo shìde, zhēn hǎotīng!

A：快 看 屏幕 上 的 消息，航班 到 了。 我们 去 接 吧！
Kuài kàn píngmù shang de xiāoxi, hángbān dào le. Wǒmen qù jiē ba!

B：出来 了！ 那个 戴着 红色 帽子 的 就是 我 妹妹。
Chūlái le! Nàge dàizhe hóngsè màozi de jiùshì wǒ mèimei.

よく使う挨拶言葉 (2)

82

您来了，欢迎欢迎！
Nín lái le, huānyíng huānyíng!
いらっしゃい、ようこそ、ようこそ。

这是我的一点儿心意，请收下。
Zhè shì wǒ de yīdiǎnr xīnyì, qǐng shōu//xià.
これは私のほんの気持ちです。どうぞお受け取りください。

请坐，请喝茶。Qǐng zuò, qǐng hē chá.
お座りになって、お茶をお召し上がりください。

您太客气了，谢谢，谢谢。
Nín tài kèqi le, xièxie, xièxie.
なんとご丁寧に、ありがとうございます。

1
2
3
4
1
2
3
4
5
6
7
8
9
10
11
12
在机场

新出語句

83

机场 jīchǎng（名）空港
为什么 wèishénme（副）なぜ どうして
了 le（助）発話時点で話し手が新しい発見をした語気を添える
接 jiē（動）出迎える
刚 gāng（副）～したばかり
送 sòng（動）送り届ける、送る、贈る
了 le（助）動作行為の一回過程が完了するアスペクトを示す
等 děng（動）待つ
着 zhe（助）動作の持続状態：～している/ある
欸 ēi（感）ねえ（人に呼びかけたり注意を喚起する）
大厅 dàtīng（名）ホール、ロビー、大広間
传来 chuánlai（動）伝わってくる
动人 dòngrén（形）感動させる
乐曲 yuèqǔ（名）楽曲
好像 hǎoxiàng（動）まるで～のようだ
～似的 ～shìde（助）～のようだ、～らしい
屏幕 píngmù（名）映像スクリーン
消息 xiāoxi（名）ニュース、情報
航班 hángbān（名）便、フライト
戴 dài（動）かぶる、はめる、（眼鏡を）かける
红色 hóngsè（名）赤色

文法ポイント

❶ 動態助詞“了”“着” 🔊84

動態助詞はアスペクト助詞とも呼ばれ、時制とは異なる出来事の捉え方をします。
(1) 動態助詞は動作の1回分の過程を始点から終点までと終点以後に区切って描写します。
(2) 動詞の直後に付けます。
(3) 動態助詞を付けた描写には、否定副詞“没”だけを使います。
“没”が動詞につくと、その否定文では“了”は消され、“着”は残ります。

① 爸爸已经上了车准备出发，但孩子们还没上车。
Bàba yǐjīng shàngle chē zhǔnbèi chūfā, dàn háizimen hái méi shàng//chē.
父はもう車に乗って出発する準備をしているが、子供達は、まだ乗車していない。

② 姐姐平常戴眼镜，但今天没戴着，怎么回事？
Jiějie píngcháng dài yǎnjìng, dàn jīntiān méi dàizhe, zěnme huí shì?
姉はいつもは眼鏡をかけているが、今日はかけていない、どうしたことだろう？

	動作継続中“着”①	動作完了後に残る状態“着”②
着	弟弟躺着看漫画。 Dìdi tǎngzhe kàn mànhuà. 弟は寝転んで漫画を読んでいます。	妹妹戴着漂亮的帽子。 Mèimei dàizhe piàoliang de màozi. 妹は美しい帽子をかぶっています。

動作の始点　<動作継続時間・分量>③　動作の完了点「了le」　<動作完了後の経過時間>④

了	昨天她复习了三个小时。 Zuótiān tā fùxíle sānge xiǎoshí. 昨日彼女は3時間復習をしました。 他买了两张邮票。Tā mǎile liǎngzhāng yóupiào. 彼は2枚切手を買いました。	他父亲死了三年了。**語気助詞** Tā fùqin sǐle sānnián le. 彼の父親が死んで3年になります。 語気助詞“了”を文末につけることで、 「今現在」までの継続時間であることを示す。

注意

日本語の「た」「ている」と比べると共通点と相違点がいろいろあります。

(1) 連動述語構文の一種③「～しながら～する」によく使われます。

妈妈常常唱着歌儿散步。Māma chángcháng chàngzhe gēr sàn//bù.
母はよく歌いながら散歩する

(2) 動態助詞“着”を使って結果を残す動作を描写する場合、動詞は「付着させる」意味を含みます。

教室的墙上挂着一张地图。Jiàoshì de qiángshang guàzhe yìzhāng dìtú.
教室の壁に地図が掛けてある

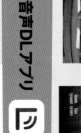

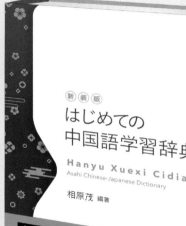

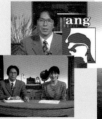

台上坐着几位老教授。Táishang zuòzhe jǐwèi lǎo jiàoshòu.
壇上には数名の教授がお座りです

(3) 動作の継続時間は、動詞の後ろに「時間の長さ」を付けます。
動態助詞“了”を付けない場合、その動作が習慣や繰り返されることを表します。

(4) 動詞から離れて使われる“了”は動態助詞ではなく、語気助詞であり意味が異なります。

2 語気助詞“了” 85

語気助詞“了”は話し手が**発話時点**(今)に下した判断について述べます。

(1) 文が表す出来事や状態が「**終了した**」(**〜した**)や「**発生した**」(**〜になった**)と判断します。

(2) 過去に起きた出来事であっても、経験や習慣化していたことは判断対象としません。

(3) 動態助詞“了”の付いた動詞述語文とは一緒に使いますが、動態助詞“着”が付いた動詞述語文とは一緒に使いません。

(4) 判断対象とする文が否定文である場合、否定副詞“不”とだけ一緒に使います。

“不” ＋ (文の内容) ＋ 語気助詞“了”。 → (文の内容)ではなくなった。

① 你昨天去看篮球比赛了吗? Nǐ zuótiān qù kàn lánqiú bǐsài le ma?
昨日バスケットボールの試合を見に行きましたか?

→ 我没去看，票太贵了! Wǒ méi qù kàn, piào tài guì le!
見に行っていません、チケットが高すぎます。

② 我爷爷曾经唱过戏，现在已经不唱了。(过:(経験) 〜したことがある。)
Wǒ yéye céngjīng chàngguo xì, xiànzài yǐjīng bú chàng le.
祖父はかつて京劇を歌ったことがありますが、今は歌うのをやめました。

③ 我们等你等了半个小时了，现在在哪儿呢?
Wǒmen děng nǐ děngle bànge xiǎoshí le, xiànzài zài nǎr ne?
私達はあなたを(今まで)30分も待っています。今どこにいるのですか?

3 動作の進行を表す語句 86

3-1 副詞“在”+動作動詞

動作動詞の直前に置く“在”は、「動作がある時点で進行中」であることを表す副詞です。さらにその前に副詞“正”を付けて「ちょうど〜」と強調することもできます。

3-2 語気助詞“呢”

語気助詞“呢”は「発話時点の今〜している」という進行状況を報告する用法があります。

注意

日本語では「〜している、ところ、ですよ」のように３つの進行表現を重ねたり、ばらばらに使うことができます。中国語では“着”(動作継続中)“在”(動作行為が進行中)“呢”(発話時点での状況報告)を使い分けます。

① 他们在干什么? Tāmen zài gàn shénme?
彼らは何をしていますか？

→ 他们正在吃着饭呢。Tāmen zhèngzài chīzhe fàn ne.
彼らはちょうど食事をしているところですよ。

② 孩子们怎么不吵了呢? Háizimen zěnme bù chǎole ne?
子供たちはどうして騒がなくなったのでしょう？

→ 他们睡午觉呢。Tāmen shuìwǔjiào ne.
彼らは昼寝をしてますよ。

③ 昨天我们找他的时候，他正在写作业。
Zuótiān wǒmen zhǎo tā de shíhou, tā zhèngzài xiě zuòyè.
昨日私達が彼を尋ねた時、彼はちょうど宿題をしていました。

④ 爸爸累极了，现在还在床上躺着呢。
Baba lèijíle, xiànzài hái zài chuángshang tǎngzhe ne.
父は疲れきっています。今、まだベッドで横になってますよ。

文法ポイントの理解のために

❶ 存現文(または現象文) 87

３文型：(「存在」「不特定表現」は第３課参照)(移動動詞は第５課参照)

種類	名詞	動詞 ／ 複合動詞	動態助詞	名詞(不特定表現)
(1)存在		挂 guà(かける)、贴 tiē(貼る)、装 zhuāng(中に入れる)、放 fàng(置く)、写 xiě(書く)、画 huà(描く)	着	〜に付着するモノ・人(動作後できあがるものも含む)
(2)出現	場所詞 時には 時間名詞	来／移動動詞+“来”を含む方向補語 ☆自然現象：下 xià(降る)、发 fā(出る)	了	〜から出てくるモノ・人 雨 yǔ　雪 xuě　新芽 xīnyá
(3)消失		走 zǒu (いなくなる、どこかへ出かける) 移動動詞+“走”	了	〜から消えるモノ・人

(1) ① 黑板上写着今天的作业题。Hēibǎnshang xiězhe jīntiān de zuòyètí.
黒板に今日の宿題が書いてあります。

② 行李里边儿装着几件衣服? Xínglǐ lǐbianr zhuāngzhe jǐjiàn yīfu?
トランクには何着衣服が入っていますか？

(2) ① 小心！ 前边儿开来了一辆车！ Xiǎoxīn! Qiánbianr kāilai le yíliàng chē!
気を付けて！前から車が来ました。

② 下雨了(※了は語気助詞)！ 我没带雨伞，怎么办?
Xià yǔ le! Wǒ méi dài yǔsǎn, zěnme bàn?
雨が降ってきた！　傘を持っていない、どうしよう。

(3) ① 今年我们楼里搬走了三家人。Jīnnián wǒmen lóuli bānzǒule sānjiā rén.
今年、私たちの(住んでいる)ビルから三家族が引っ越しました。

存現文総論

(1) 存現文は事態・状態を描写する文型です。意思的な行為を表すことはできません。

(2) 存現文の文頭にある場所詞には介詞を付けません。介詞構造は意思的な動作行為しか連用修飾できません。特に日本語で「場所～から」と訳する出現消失の主語を間違えないようにしましょう。

那辆新买的车从前边儿开过来了。Nàliàng xīn mǎi de chē cóng qiánbianr kāiguòlaile.
例の新しく買った車が前からきますよ。

(3) 自然現象は通常、語気助詞“了”を付けて表現します。動態助詞“了”を使ってしまうと、「雨、雪」など単音節の名詞だけでは言い切ることができず、二音節以上の単語を使います。

听说北海道上午下了大雪。Tīngshuō Běihǎidào shàngwǔ xiàle dàxuě.
北海道では午前中に大雪が降ったそうです。

(4) また、動態助詞“了”と語気助詞“了”を一緒に使うと、その動作変化が発話時点でも確認できることを表します。間に継続時間が書いてあれば、これからも続くことを含意します。

雪下了两个小时了。Xuě xiàle liǎngge xiǎoshí le.
雪は2時間降り続いています。

第6課の練習問題に取り組みましょう

第 7 課 谈网上留学 ネット留学の相談

Dì-qī kè Tán wǎngshàng liúxué

（A母親、B子供） 88

A：暑假 你 打算 做 什么？
Shǔjià nǐ dǎsuàn zuò shénme?

B：我 不太 会 说 汉语，我 打算 学 汉语。
Wǒ bútài huì shuō Hànyǔ, wǒ dǎsuàn xué Hànyǔ.

A：你 怎么 学 呢？ 不用 担心 学费。
Nǐ zěnme xué ne? Búyòng dān//xīn xuéfèi.

B：我们 大学 开办了 北大 的 短期 进修班，我 可以 参加 吗？
Wǒmen dàxué kāibànle Běidà de duǎnqī jìnxiūbān, wǒ kěyǐ cānjiā ma?

A：当然 可以。什么 时候 要 去 中国？
Dāngrán kěyǐ. Shénme shíhou yào qù Zhōngguó?

B：不用 去，在 网上 学习。能不能 现在 就 报名？
Búyòng qù, zài wǎngshàng xuéxí. Néngbunéng xiànzài jiù bào//míng?

A：行。我 觉得 你 一定 能 取得 好 成绩。
Xíng. Wǒ juéde nǐ yídìng néng qǔdé hǎo chéngjì.

B：我 一定 努力，谢谢 妈妈。
Wǒ yídìng nǔlì, xièxie māma.

よく使う挨拶言葉（3） 89

同学们，再见！ Tóngxuémen, zàijiàn!
皆さん、さようなら。

老师，再见！ Lǎoshī, zàijiàn!
先生、さようなら。

明天见！（明儿见）Míngtiān jiàn!（Míngr jiàn）
また明日。

晚上见！ Wǎnshang jiàn!
また夜に。

下星期见！ Xiàxīngqī jiàn!
また来週。

回头见！（一会儿见）Huítóu jiàn!（Yíhuìr jiàn）
また後ほど。

后会有期！ Hòu huì yǒu qī!
いつかまた会いましょう。

祝愿我们的友谊永远继续下去！
Zhùyuàn wǒmen de yǒuyì yóngyuǎn jìxùxiàqu!
私たちの友情がずっと続きますように。

新出語句

🔊 90

谈 tán（動）話し合う

网上留学 wǎngshàng liúxué（名）ネット留学

打算 dǎsuàn（動）～するつもりである

不太 bútài（副）あまり～でない

会 huì（助）～できる

担心 dān//xīn（動）心配する

学费 xuéfèi（名）学費

开办 kāibàn（動）開催する、行う

北大 Běidà（名）北京大学

短期 duǎnqī（名）短期

进修班 jìnxiūbān（名）研修クラス

可以 kěyǐ（助）～できる

参加 cānjiā（動）参加する

当然 dāngrán（副）もちろん

不用 búyòng（副）～するには及ばない

报名 bào//míng（動）申し込む、応募する

行 xíng（応）よろしい、OK

觉得 juéde（動）感じる、～と思う

一定 yídìng（副）必ず、きっと

取得 qǔdé（動）取得する

成绩 chéngjì（名）成績

努力 nǔ//lì（動）努力する

文法ポイント

「本課から学ぶ新しい品詞、助動詞について」

助動詞(「能願動詞」とも呼ぶ)は意味の面からいくつかのグループに分けられます。それらのグループに共通する文法的特徴を最初にまとめておきます。

(1) 助動詞は後ろに動詞句をとります。
(2) 通常の動作動詞と異なり、動態助詞や方向補語などは付きません。
(3) 否定副詞は“不”だけを使い、助動詞の前に置きます。

1 助動詞「願望・意向」を表すグループ 91

「願望・意向」を表す基本的な助動詞“想 xiǎng”“要 yào”“打算 dǎsuàn”“愿意 yuànyì”
代表的な日本語訳「～したい」「～するつもりだ」「～する予定だ」「進んで～する」

① 我不想去北京，想去上海。Wǒ bù xiǎng qù Běijīng, xiǎng qù Shànghǎi.
私は北京へは行きたくありません、上海へ行きたいです。

② 我要去中国留学，不想去美国留学。
Wǒ yào qù Zhōngguó liú//xué, bù xiǎng qù Měiguó liú//xué.
私は中国へ留学に行くつもりです、アメリカへ留学するつもりはありません。

③ 今年暑假你打算去哪儿旅行？ Jīnnián shǔjià nǐ dǎsuàn qù nǎr lǚxíng?
今年の夏休みにはどこへ旅行に行く予定ですか？

④ 你要参加足球比赛吗？ Nǐ yào cānjiā zúqiú bǐsài ma?
あなたはサッカーの試合に出るつもりですか？

→ 我愿意参加。Wǒ yuànyì cānjiā.
喜んで出ます。

注意

(1) 否定副詞は前に置きます。(誤)我想不去北京。
(正)我不想去北京。Wǒ bù xiǎng qù Běijīng.

(2) 意向を表す助動詞“要”の否定形は“不想”です。
“不要”は本動詞なら「必要ない」、助動詞なら「～するな」という禁止命令を表します。

(3)“打算”は、計画がかなり具体的な場合に使います。

(4)“愿意”は、ほかの助動詞より動詞としての独立性が強い単語です。
“愿意不愿意？ ”(3. 反復疑問文　参照)のように「同意するか同意しないか」を問う表現として、動詞を付けずに使えます。肯定するなら、「積極的に～する」という意味になります。

❷ 助動詞「可能」を表すグループ 92

“可能”を表す基本的な助動詞“会”“能”“可以”

代表的な日本語訳はすべて「～できる」です。しかし可能だと判定する根拠が異なります。

① 你会说英语吗? Nǐ huì shuō Yīngyǔ ma? ／你会开车吗? Nǐ huì kāi//chē ma?
英語が話せますか？ 運転ができますか？（**技能**）

／你会游泳吗? Nǐ huì yóu//yǒng ma?
泳げますか？（**スポーツ類**）

② 你明天能开会吗? Nǐ míngtiān néng kāi//huì ma?
明日会議に出られますか？

你能游一公里吗? Nǐ néng yóu yì gōnglǐ ma?
1キロ泳げますか？（**水準**）

③ 我可以在这儿照相吗? Wǒ kěyǐ zài zhèr zhào//xiàng ma? → 不行。Bù xíng.
ここで写真を撮ってもかまいませんか？（**許可**） ダメです。

注意

①“会”練習、訓練の結果により習得できたので、できるようになりました。

②“能”場面、文脈で設定済みの条件が満たされたので、できるようになりました。

③“可以”どこかから許可を得たので、できるようになりました。

④“能”“可以”を使った疑問文で丁寧な依頼を表すこともできます。

① 您好！您能不能帮我们照张相?
Nín hǎo! Nín néngbunéng bāng wǒmen zhào zhāng xiàng?
こんにちは、私たちの写真を撮っていただけませんか？

② 劳驾，您可不可以让一下，我要下车。Láojià, nín kěbukěyǐ ràng yíxià, wǒ yào xià//chē.
すみません、ちょっと避けて下さいませんか、降りますので。 （让(譲る)→让路，让座）

❸ 反復疑問文 93

肯定形と否定形を並べて、肯定するか、否定するかを尋ねます。回答方法はYes Noではなく、尋ねるときに使われた動詞・形容詞・助動詞で答えます。

① 他是不是韩国留学生? Tā shìbushì Hánguó liúxuéshēng? → 是／不是
彼は韓国人留学生ですか？

② 你看不看那本小说? Nǐ kànbukàn nàběn xiǎoshuō? → 看／不看
この小説を読んだことがありますか？

③ 图书馆里有没有日汉词典？ Túshūguǎnli yǒuméiyǒu RìHàn cídiǎn? → 有／没有
図書館には日中辞典はありますか？

④ 你工作忙不忙？ Nǐ gōngzuò mángbumáng? → 很忙／不忙
仕事は忙しいですか？

⑤ 你想不想看那本小说？ Nǐ xiǎngbuxiǎng kàn nàběn xiǎoshuō? → 我想看／我不想看
この小説が読みたいですか？

注意

否定形を文末に置く表現も可能です。特に結果補語（第８課）ではよく使われます。

4 助動詞「可能性」を表すグループ 94

4-1 “会～（的）”は話し手の確信を表す語気助詞

代表的な日本語訳「～する」「～したはずだ」「～する見込みがある」

① 据天气预报说，下午会下雨的。Jù tiānqì yùbào shuō, xiàwǔ huì xià yǔ de.
天気予報によると、午後雨が降るはずです。

② 看路上的样子，昨晚不会下雨的。Kàn lùshang de yàngzi, zuówǎn bú huì xià yǔ de.
路上の様子を見ると、昨晩雨が降ったはずがない。

注意

疑問文には文末の“的”は付けません。

爷爷会坐飞机去吗？ Yéye huì zuò fēijī qù ma? ／爷爷会不会坐飞机去？
祖父は飛行機で行くでしょうか？（ありえますか？と可能性を尋ねる）

4-2 “可能”

“可能会～（動詞句）”“有没有可能～（主語述語構造）”のように組み合わせる場合が多い。

代表的な日本語訳　「～かもしれない」

① 他可能来过，可是我们没发现。Tā kěnéng láiguo, kěshì wǒmen méi fāxiàn.
彼は来たのかもしれないが、私たちは気づかなかった。（过：終了＝完了後跡形がない）

② 明天她可能不来吧？ Míngtiān tā kěnéng bù lái ba? → 不会吧。Bú huì ba.
明日彼女は来ないかもしれないでしょう？　そんなことはないでしょう。

→ 不可能！她一定会来的。Bùkěnéng! Tā yíngdìng huì lái de.
あり得ません。彼女は必ず来るはずです。

文法ポイントの理解のために

1 思考動詞 95

“想”には「思う、考える」という思考動詞としての用法があります。

(1)“想”を単独で使う。

我想了想，还是不去吧。Wǒ xiǎngle xiǎng, háishì bú qù ba.
考えてみましたが、私はやはり行かないことにしましょう。

(2) 目的語として名詞(恋しい対象)をとる。

想家 xiǎng jiā (ホームシックになる)　想父母 xiǎng fùmǔ (両親が恋しい)

(3) 目的語として主述構造(考えている内容を)をとる。

我想她不想他了。Wǒ xiǎng tā bù xiǎng tā le.
彼女はもう彼のことを恋しくなくなった、と私は思います。

補充[思考動詞]

	(共通部分)这样做最好		中国語疑問文型が異なることに注意
①看	我看这样做最好，你怎么看? Wǒ kàn zhèyàng zuò zuì hǎo, nǐ zěnme kàn?	私はこうするのが一番よいと思った	あなたはどう思う？ (日常会話で常用される表現)
②觉得	我觉得这样做最好，你觉得呢? Wǒ juéde zhèyàng zuò zuì hǎo, nǐ juéde ne?		
③认为	我认为这样做最好，你认为怎么样? Wǒ rènwéi zhèyàng zuò zuì hǎo, nǐ rènwéi zěnmeyàng?		あなたはどう思いますか？ (書き言葉で多用：どう考えますか)
④以为	我以为这样做最好，但其实不这样。 Wǒ yǐwéi zhèyàng zuò zuì hǎo, dàn qíshí bú zhèyàng.		しかし、実際はそうではなかった。 (自問自答し、相手には尋ねない)

注意

① 2人でやりとりしている場面で使います。

② 感覚的な印象を与える使いやすい単語です。後に形容詞を付け、感覚も表せます。

我(觉得)很冷，你冷不冷？　Wǒ (juéde) hěn lěng, nǐ lěngbulěng?
私は寒いですが、あなたは寒くありませんか？

③ 論文を書く場合や、議論をしている場面で多く使う単語です。

④「〜と思ったのですが、実は」と後で訂正する場面で使います。

第7課の練習問題に取り組みましょう

第 8 課 在留学班的告别会上 留学クラスのお別れ会

Dì-bā kè

Zài liúxué bān de gào//bié huì shang

（Aアメリカ人留学生、B日本人留学生）

96

A：时间 过得 真 快！ 我们 学 汉语 已经 学了 一个 月 了！
Shíjiān guòde zhēn kuài! Wǒmen xué Hànyǔ yǐjīng xuéle yíge yuè le!

B：可不是 嘛！ 你 进步 可 真 大！
Kěbushì ma! Nǐ jìnbù kě zhēn dà!

A：哪里 哪里。你 汉语 也 说得 很 好。
Nǎlǐ nǎlǐ. Nǐ Hànyǔ yě shuōde hěn hǎo.

B：老师 讲 的 你 全都 能 听懂 吗？
Lǎoshī jiǎng de nǐ quándōu néng tīngdǒng ma?

A：大部分 听懂 了，有的 部分 还 听不懂。
Dàbùfen tīngdǒng le, yǒude bùfen hái tīngbudǒng.

B：我 也 不 能 全部 记住。
Wǒ yě bù néng quánbù jìzhù.

A：不过，我们 每天 都 过得 高高兴兴 的，非常 充实。
Búguò, wǒmen měitiān dōu guòde gāogāoxìngxìng de, fēicháng chōngshí.

B：对，今后 我们 在 网上 互相 交流、互相 学习，好 吗？
Duì, jīnhòu wǒmen zài wǎngshàng hùxiāng jiāoliú、hùxiāng xuéxí, hǎo ma?

A：好 主意！ 我 同意！
Hǎo zhǔyì! Wǒ tóngyì!

祝福の言葉

97

恭喜恭喜！ Gōngxǐ gōngxǐ！
　おめでとうございます。

祝您(你)生日快乐！ Zhù nín(nǐ)shēngrì kuàile!
　お誕生日おめでとうございます！

同喜同喜！ Tóngxǐ tóngxǐ!
　どうもありがとうございます。

祝您万事如意！ Zhù nín wànshì rúyì!
　すべて思い通りに行きますように。

祝您一切顺利！ Zhù nín yíqiè shùnlì!
　すべて順調でありますように。

一路平安！ Yílù píng'ān!
　道中ご無事で。

祝您身体健康，幸福！
Zhù nín shēntǐ jiànkāng, xìngfú!
　お元気でお幸せでありますように。

祝学习进步！ Zhù xuéxí jìnbù!
　勉強の成果が上がりますように。

新出語句

98

告别 gào//bié（動）別れを告げる
过 guò（動）（時間が）たつ、（時間を）過ごす、暮らす
得 de（助）結果や程度を表す補語を導く
可不是嘛 kěbushì ma（応）そのとおりですね
进步 jìnbù（名）進歩
可 kě（副）実に（話し手が確信を持っている）
全都 quándōu（副）すべて
听懂 tīngdǒng（動）聞いてわかる
大部分 dàbùfen（名）大部分、ほとんど
有的 yǒude（名）ある一部分
部分 bùfen（名）部分
全部 quánbù（名）全部
记住 jìzhù（動）覚えている
不过 búguò（接）でも、ただ
高高兴兴的 gāogāoxìngxìngde（形）嬉しい、喜ばしい
今后 jīnhòu（名）今後、以後
互相 hùxiāng（副）お互いに、相互に
交流 jiāoliú（動）交流する
好主意 hǎo zhǔyì（名）いい考え、素敵なアイデア
同意 tóngyì（動）同意する

文法ポイント

❶ 結果補語 99

動作動詞の直後に結果補語を付けて、「動作を初めて(始点)から終わる(終点)までの間にその動作が**特徴的な結果**を生じる」ことを表します。

(1) 動詞と結果補語はその単語どうしの結びつきに意味の上から強い制限がかかります。複合動詞として扱うのが妥当だという見方もあるくらいです。

(2) 動態助詞のうち“了”は必ず結果補語の後に付け、“着”は付けられません。

(3) 通常、否定副詞は“没”を動詞の前に置きます。

否定副詞“不”を結果補語と使うと、可能補語や条件句を作ります。(後述)

常用される結果補語とその代表的意味

動詞由来の結果補語		形容詞由来の結果補語	
完	～し終える：吃完　写完	好	良い成果をあげる：学好　做好
见	無意識に感じ取る：看见　听见	错	～し間違う：看错　走错
到	目的に到達する：买到　找到	清楚	～してはっきりさせる：写清楚　问清楚
懂	内容を深く理解する：听懂　看懂	干净	～して清潔にする：洗干净　打扫干净

① 作业太多了，写了一个小时还没写完。
Zuòyè tài duō le, xiěle yíge xiǎoshí hái méi xiěwán.
宿題が多すぎます、一時間やってもまだやり終えられません。

② 在工作日在商场看见了他，真奇怪！
Zài gōngzuòrì zài shāngchǎng kànjiànle tā, zhēn qíguài!
出勤日にショッピングモールで彼を見かけました、奇妙ですね。

③ 看懂了说明书才能用好新式电脑。
Kàndǒngle shuōmíngshū cái néng yònghǎo xīnshì diànnǎo.
マニュアルを読んで理解して初めて新式のパソコンを使いこなせます。

④ 我们谁又能说清楚，什么是“爱情”呢？
Wǒmen shéi yòu néng shuōqīngchu, shénme shì “àiqíng” ne?
私達のうち誰がはっきり語れるでしょうか、愛情とは何かを？

注意

結果補語構造を述語として用いるほとんどの場合、動詞の目的語となる名詞を文頭に置いて(「主題化」と呼ぶ)その名詞が表す事物に「特徴的な結果」が生じたことを文末の位置で表現します。そこで結果補語構造の後につく“了”は、「動態助詞」と「語気助詞」を兼用する意味を表すことになります。

① 你的手帕洗干净了没有？ Nǐ de shǒupà xǐgānjìngle méiyǒu? (反復疑問文)
あなたのハンカチは綺麗に洗えましたか？

→ 洗干净了。Xǐgānjìng le.
綺麗になっています。

② 我好像迷路了，大概在十字路口走错了。
Wǒ hǎoxiàng mí//lù le, dàgài zài shízìlùkǒu zǒucuò le.
迷子になったようです、たぶん交差点で道を間違えました。

2 可能補語 100

動詞と結果補語、動詞と方向補語の間に“不”を挿入し、不可能であることを表します。挿入する位置はともに、動詞の直後です。

動作開始時、ある結果を目指したり、ある方向へ移動していく意思がありますが、動作開始後になんらかの理由で意志を貫徹できなくなります。

注意

(1) 可能補語の中には結果補語や方向補語と無関係に、動詞の直後に置く表現もあります。

① 不好意思，我今天跟你去不了了。Bùhǎoyìsi, wǒ jīntiān gēn nǐ qùbuliǎo le.
申し訳ありません、私は今日あなたと出かけられなくなりました。(理由には触れない)

(2)“不”の代わりに“得”を挿入すると肯定形を表せ、疑問文や反語文でのみ使います。

① 老师的话，你们听得清楚听不清楚？ Lǎoshī de huà, nǐmen tīngdeqīngchu tīngbuqīngchu?
先生のお話、あなた達ははっきり聞こえますか？

→ 没听清楚。Méi tīngqīngchu. ／听清楚了。Tīngqīngchu le.
はっきりとは聞こえません/はっきり聞こえます。

3 様態補語 101

3-1 動作動詞の直後に様態補語“得”+形容詞述語を付ける。

(1) 動作動詞は「すでに実現している動作・行為」を意味します。

(2) 動作行為の結果を描写したり、評価したりします。

在后边儿的人，刚才的讲演听得清楚吗?
Zài hòubianr de rén, gāngcái de jiǎngyǎn tīngde qīngchu ma?
後ろの方、さっきの講演ははっきり聞こえましたか？

→ 听得不太清楚。Tīngde bútài qīngchu. ／ 听得很清楚。Tīngde hěn qīngchu.
あまりはっきり聞こえませんでした。／ はっきり聞こえました。

(3) 動作行為がどのように行われたかを描写したり、評価したりします。

① 他每天都跑步，跑得很快。Tā měitiān dōu pǎo//bù, pǎode hěn kuài.
彼は毎日ジョギングをしていて、走るのがとても速い。

3-2 感情形容詞・心理動詞の直後に様態補語“得”＋動詞述語を付ける。

① 听到这个消息，他高兴得跳了起来。Tīng//dào zhège xiāoxi, tā gāoxìngde tiàole qǐlái.
この知らせを聞いて、彼は嬉しさのあまり飛び上がった。

② 姐姐的钱包不见了，她急得找来找去。Jiějie de qiánbāo bú jiàn le, tā jíde zhǎolái zhǎoqù.
姉の財布が無くなり、彼女は焦って探し回っています。

注意

感情が原因で起こされた行為とも捉えることができます。

4 助動詞「必要・道理・義務」を表すグループ 102

「必要・義務」を表す基本的な助動詞　“要”“应该”“得”

代表的な日本語訳　「～ねばならない」「～して当然だ」「～するべきだ」「～しないといけない」

① 爸爸加班加了好几天了，要好好儿休息。Baba jiā//bān jiāle hǎo jǐtiān le, yào hǎohāor xiūxi.
お父さんは残業を何日も続けています、よく休まねばなりません。（**必要がある**）

② 谢谢你的帮助！ Xièxie nǐ de bāngzhù!
手伝っていただいてありがとう！

→ 不用谢，这是我应该做的。Búyòng xiè, zhè shì wǒ yīnggāi zuò de.
お礼には及びません、なすべきことをしたまでです。

③ 孩子的病比较重，得住几天医院。Háizi de bìng bǐjiào zhòng, děi zhù jǐtiān yī yuàn.
子供の病気はかなり重く、数日入院しなくてはいけません。（**必然的・義務的**）

注意

“得”を語気詞“了”と使うと「～すべき時間になった」という時間的変化を表します。

时间不早了，我得走了。Shíjiān bù zǎo le, wǒ děi zǒu le.
遅くなりました、もう失礼しなくてはなりません。

→ 请慢走。Qǐng màn zǒu.
どうぞお気をつけて。

文法ポイントの理解のために

1 “不”で否定された結果補語構造 103

複句文 X 句＋ Y 句　の X 句を作ります。

① 不关好窗户，风就会吹进来。Bù guānhǎo chuānghu, fēng jiù huì chuījìnlái.
窓をしっかり閉めないと、風が吹きこみます。（**条件を提起**）

② 回家的时候不洗干净手，可能会得病。
Huíjiā de shíhou, bù xǐ gānjìng shǒu, kěnéng huì dé//bìng.
帰宅時に手を洗って清潔にしないと、病気になるかもしれません。**(仮定を設定)**

2 形容詞の重ね形 104

形容詞には、単語を二度繰り返して使い、表現を生き生きさせたり、新しい文法機能を加えるという用法があります。繰り返された形容詞の重ね形は、形容詞とは使い方が異なります。

(1)否定形がない。(2)程度副詞がつかない。

2-1 単音節形容詞の重ね形：主な用法—副詞になる。

二音節目は第一声へ変調する。

好好儿学习吧！ Hǎohāor xuéxí ba! しっかり勉強なさい。

慢慢儿吃吧！ Mànmānr chī ba! ゆっくり食べなさい。

2-2 二音節形容詞(AB)の重ね形(AABB)：主な用法—様態補語になる、連用修飾語になる。

① 孩子们每天都玩儿得开开心心的。
Háizimen měitiān dōu wánrde kāikāixīnxīn de.
子供たちは毎日遊んで喜喜としています。(語気助詞を付けると言い切れる)

② 妈妈病好了，家人都高高兴兴地来看她。
Māma bìng hǎo le. Jiārén dōu gāogāoxìngxìngde lái kàn tā.
お母さんの病気がよくなりました、家族が嬉しそうにお見舞いに来ました。

3 様態補語の動詞の目的語の処理 105

動詞とその目的語を合わせた「動詞句全体の意味」について様態補語を付ける場合は、二通りの文型を使うことができます。話し言葉では簡潔な文型の方が多用されます。

他写英文字写得非常漂亮。Tā xiě Yīngwénzì xiěde fēicháng piàoliang.
彼のアルファベットは美しく書けています。

→ 他英文字写得非常漂亮。Tā Yīngwénzì xiěde fēicháng piàoliang.

第8課の練習問題に取り組みましょう。

第9課 诊疗室 診察室にて

Dì-jiǔ kè　Zhěnliáo shì

（A医者、B患者）　106

A：您 哪儿 不 舒服?
Nín nǎr bù shūfu?

B：我 头疼，没劲儿，还 有点儿 咳嗽。
Wǒ tóuténg, méijìngr, hái yǒudiǎnr késou.

A：给 您 体温计，请 量一量 体温 吧。
Gěi nín tǐwēnjì, qǐng liángyiliáng tǐwēn ba.

B：好 的。对了，我 没 有 食欲，不 想 吃饭。
Hǎo de. Duìle, wǒ méi yǒu shíyù, bù xiǎng chī//fàn.

A：请 把 体温计 拿出来 给 我 看看。三十八 度 七，你 发烧 了。
Qǐng bǎ tǐwēnjì náchūlai gěi wǒ kànkan. Sānshibā dù qī, nǐ fā//shāo le.

B：大夫，我 得了 什么 病? 要紧 吗?
Dàifu, wǒ déle shénme bìng? Yàojǐn mā?

A：流行性 感冒。不 要紧。吃 点儿 药，多 喝 水、多 休息 就 会 好 的。
Liúxíngxìng gǎnmào. Bú yàojǐn. Chī diǎnr yào, duō hē shuǐ、duō xiūxi jiù huì hǎo de.

B：明白 了，谢谢 大夫。
Míngbai le, xièxie dàifu.

A：不客气。请 多 保重。
Búkèqi. Qǐng duō bǎozhòng.

身体部位に関わる動作　107

刷牙 shuā//yá　歯を磨く
梳头 shū//tóu　髪をとかす
洗脸 xǐ//liǎn　顔を洗う
化妆 huà//zhuāng　化粧をする
洗澡 xǐ//zǎo　風呂に入る（シャワーもOK）
握手 wò//shǒu　握手をする
点头 diǎn//tóu　うなずく
抬头 tái//tóu　頭をもたげる、盛んになる
弯腰 wān//yāo　腰をかがめる
眨眼 zhǎ//yǎn　まばたきをする

新出語句

108

诊疗室 zhěnliáo shì（名）診察室
舒服 shūfu（形）気分や体調がよい
头疼 tóuténg（形）頭が痛い
没劲儿 méi jìnr（形）力がない
还 hái（副）また、さらに
咳嗽 késou（動）咳をする
体温计 tǐwēnjì（名）体温計
量 liáng （動）測る
体温 tǐwēn（名）体温
对了 duìle（感）そうだ！（思い出した時などに使う）
食欲 shíyù（名）食欲
把 bǎ（介）～を（～する）
度 dù（量）度
发烧 fā//shāo（動）熱が出る
大夫 dàifu（名）医者
得病 dé//bìng（動）病気にかかる
要紧 yàojǐn（形）深刻である、重大である
流行性感冒 liúxíngxìng gǎnmào（名）インフルエンザ
药 yào（名）薬
不客气 búkèqi（慣）遠慮しない（応）どういたしまして
请多保重 qǐng duō bǎozhòng（套）お大事に

文法ポイント

1 二重目的語構造 109

動作動詞の中には2つ目的語を取る動詞があります。

［基本文型］ **主語X** ＋ **述語** ＋ **間接目的語Y** ＋**直接目的語Z**

意味役割：X(動作主)ガ＋(授与動詞〜する)＋Y(人)ニ ＋Z(モノ・情報)ヲ〜

注意

(1)モノを移動させる場合は**不特定のモノでなければなりません。**

(2)情報を移動させる場合は特定、不特定の制限はありません。

1-1 モノの授与動詞"给""送""还""找"

① 哥哥给妹妹一打铅笔和两本笔记本。Gēge gěi mèimei yìdǎ qiānbǐ hé liǎngběn bǐjìběn.
兄は妹に1ダースの鉛筆と2冊のノートをあげました。

② 朋友们送她一个又大又好吃的蛋糕。
Péngyoumen sòng tā yíge yòu dà yòu hǎochī de dàngāo.
友人達は彼女に大きくておいしいケーキをプレゼントしました。

③ 学生应该在期间内还图书馆借来的书。
Xuésheng yīnggāi zài qījiānnèi huán túshūguǎn jièlai de shū.
学生は図書館で借りてきた本を期間内に返さねばなりません。

④ 这个东西95块，您给我100块，我找您5块。
Zhège dōngxi jiǔshíwǔ kuài, nín gěi wǒ yìbǎi kuài, wǒ zhǎo nín wǔ kuài.
この品は95元です。あなたは100元くださったので、5元おつりを出します。

1-2 情報の授与動詞"教""问""告诉"

① 陶老师教我们汉语。Táo lǎoshī jiāo wǒmen Hànyǔ.
陶先生は私達に中国語を教えています。

② 我想问您这个问题。Wǒ xiǎng wèn nín zhège wèntí.
私はこの問題をあなたにお尋ねしたいです。

③ 请告诉她昨天的那件事，我不敢说。Qǐng gàosu tā zuótiān de nàjiàn shì, wǒ bù gǎn shuō.
どうぞ彼女に昨日のあのことを知らせてください。私には言う勇気がありません。

② “给”の介詞用法 110

“给”には動詞の他に介詞としての用法もあります。

2-1 “给” ＋ 人(受益者) ＋ 動詞句(意味はいろいろ)

① 爸爸给儿子借钱准备学费。Bàba gěi érzi jiè qián zhǔnbèi xuéfèi.
父は息子のために借金をして学費を準備した。

② 她常常给妈妈打电话，也给她写信。Tā chángcháng gěi māma dǎ diànhuà, yě gěi tā xiě xìn.
彼女はしょっちゅう母に電話をし手紙も書く。

注意
“写信”“打电话”などの動詞句を修飾する場合は、情報の届け先を表します。

2-2 動詞 ＋ “给” ＋ 人(モノの移動先)

(1)後ろに“给”の介詞構造を付けることで、二重目的語を取れるようになる動詞もあります。
“交给”(～に渡す) “卖给”(～に売る)

① 请交给他这个国际邮件。Qǐng jiāogěi tā zhège guójì yóujiàn.
この国際郵便(特定のモノでもよい)を彼に渡してください。

(2)“借”に“给”の介詞構造を付けると「～に～を貸す」という授与の意味を表します。同様の方法で“租”も授与の意味(賃貸しする)を表します。「～から借りる」を表す場合は介詞“向”“跟”を使って、借りる相手を示さねばなりません。

① 小李想向爷爷借钱去留学。Xiǎo Lǐ xiǎng xiàng yéye jiè qián qù liúxué.
李君は祖父から留学費用を借りたい。

② 爷爷愿意借给小李一万美元。Yéye yuànyì jiègěi Xiǎo Lǐ yíwàn Měiyuán.
祖父は喜んで李君に1万ドルを貸した。

③ “把”処置構文 111

この構文は処置式とも呼ばれあるモノに手を加えた動作行為の結果や終わり方を表現するために使います。

[基本文型] **主語X ＋介詞“把” ＋介詞目的語Y ＋ 動詞＋文法成分R**

意味役割：X(人・出来事)ガ+Y(動作の対象)ヲ+(動作を加えて)Rの状況へ変化させる

文法成分Rのいろいろ：目的語・動態助詞"了"(消失する意味が表せる動詞にのみ付く)
動詞の重ね形・継続時間/回数(動作の時間や繰り返し回数)
結果補語・方向補語・様態補語(補語が表す結果)

① 我们把这幅画儿摆在哪儿? Wǒmen bǎ zhèfú huàr bǎi zài nǎr?
この絵画(掛け軸)をどこに飾りましょうか？

→ 摆在入口附近最合适。Bǎi zài rùkǒu fùjìn zuì héshì.
入口近くに飾るのがふさわしいです。

② 请把车上的行李搬过来吧。Qǐng bǎ chēshàng de xínglǐ bānguòlai ba.
あの車の中にあるスーツケースを運んできて下さい。

③ 她总是把厨房打扫得干干净净的。Tā zǒngshì bǎ chúfáng dǎsǎode gāngānjìngjìng de.
彼女はいつも台所をピカピカに掃除している。

④ 弟弟把哥哥的点心全吃了。Dìdi bǎ gēge de diǎnxīn quán chī le.
弟がまた兄のお菓子を全部食べてしまった。

⑤ 你把电话号码告诉谁了? Nǐ bǎ diànhuà hàomǎ gàosu shéi le?
あなたは電話番号を誰に知らせましたか？

→ 我没告诉别人。Wǒ méi gàosu biéren.
私は他の人には知らせていません。

1 2 3 4 1 2 3 4 5 6 7 8 9 10 11 12 诊疗室

文法ポイントの理解のために

1 "在"の介詞構造— 2種類の用法 112

連用修飾語の位置で用いると「**場所で～する**」の意味になり、動詞の直後で用いると「**場所に～する**」と訳します。(前者は第3課参照)

1-1 "在" + 場所名詞 + 動詞(句)

① 男学生可以在教室换衣服。Nánxuésheng kěyǐ zài jiàoshì huàn yīfu.
男子学生は教室で着替えてかまいません。

2-2 動詞 + "在" + 場所名詞

① 你躺在床上好好儿休息吧。Nǐ tǎngzài chuángshang hǎohāor xiūxi ba.
ベッドに横になってよくお休みなさい。

② 把这些书放在书架上吧。Bǎ zhèxiē shū fàngzài shūjiàshang ba.
これらの本を本棚に置いてください。

注意

意味の狭まり方

動詞の直後で使われる「"在"+場所名詞」は「付着する・動かない」意味を持つ動詞の後に置かれ、場所名詞は付着先を指定します。教室などの「空間」を表すことはできません。

❷ 動詞の重ね形 113

(1) 動詞を重ねて使うと、「試しに～する」「ちょっと～する」という意味を表せます。文脈次第で一方の意味だけ、または両方の意味を表せます。
(2) 一音節動詞に動態助詞"了"または量詞"一"を入れると、過去と未来を区別できます。
(3) 二音節動詞ABの重ね形は「ABAB」です。二音節形容詞の重ね形「AABB」と混同しないようにしましょう。また「よくよく～する」という意味を表せます。

① 请把那条裤子给我看看！ Qǐng bǎ nàtiáo kùzi gěi wǒ kànkan.
あのズボンを(私に)見せてください。

→ 好，请看吧。Hǎo, qǐng kàn ba.
はい、ご覧ください。

② 我们再商量商量这个问题吧。Wǒmen zài shāngliangshāngliang zhège wèntí ba.
私たちはもっと(続けて)この問題を相談しよう。

③ 她想了想，就回答了问题。Tā xiǎngle xiǎng jiù huídále wèntí.
彼女はちょっと考えてすぐ答えました。

❸ 離合詞の重ね形 114

離合詞とは辞書で**A//B**と斜線が入っている単語です。まとまって一つの動作を表しますが、動態助詞"了"や継続時間などを表す動詞に後置する文法形式はすべて**斜線の部分**に入れます。重ね形を作る場合には「**AAB**」という形になります。

游泳 yóu//yǒng，散步 sàn//bù，帮忙 bāng//máng，照相 zhào//xiàng，看病 kàn//bìng

① 爷爷每天晚上都去公园散散步。Yéye měitiān wǎnshang dōu qù gōngyuán sànsàn//bù.
祖父は毎晩公園へ散歩をしに行きます。

② 放假时我常去饭店打打工。Fàng//jià shí wǒ cháng qù fàndiàn dǎdǎ//gōng.
休暇の時には私はよくホテルへアルバイトをしに行きます。

第9課の練習問題に取り組みましょう

第 10 課 下课后 授業のあとで

Dì-shí kè　Xià//kè hòu

（A学生、BはAの友達）　115

A：看起来，你 今天 特别 高兴。
Kànqǐlai, nǐ jīntiān tèbié gāoxìng.

B：是 吗？ 上课 时 我 又 被 老师 表扬了 一次。
Shì ma? Shàng//kè shí wǒ yòu bèi lǎoshī biǎoyángle yícì.

A：怪不得。老师 为什么 又 表扬 你 了？
Guàibude. Lǎoshī wèishénme yòu biǎoyáng nǐ le?

B：上周 老师 叫 我们 今天 背 第9课 的 课文，……
Shàngzhōu lǎoshī jiào wǒmen jīntiān bèi dì jiǔ kè de kèwēn, ……

A：让 我 猜猜？你 把 课文 流利地 背了 下来。
Ràng wǒ cāicai? Nǐ bǎ kèwén liúlìde bèile xiàlái.

B：对，老师 说 我 的 发音 又 流利 又 准确。
Duì, lǎoshī shuō wǒ de fāyīn yòu liúlì yòu zhǔnquè.

A：太 棒 了！ 真 让人 羡慕！我 要 向 你 学习。
Tài bàng le! Zhēn ràng rén xiànmù! Wǒ yào xiàng nǐ xuéxí.

B：你 过奖 了。咱们 一起 加油 吧！
Nǐ guòjiǎng le. Zánmen yìqǐ jiā//yóu ba!

ほめ言葉となる一語文　116

真棒！ Zhēn bàng! 素晴らしい！
（卓越した技能、特にスポーツ）

真了不起！ zhēn liǎobuqǐ!
実に素晴らしいです。

很不简单！ Hěn bù jiǎndān!
とても立派です。

好厉害！ Hǎo lìhai!
（主に人の能力）すごい！

真帅！ Zhēn shuài!
（主に男性）恰好いい！

真酷！ Zhēnkù!
（男女とも）素敵！（英語のcool）

哪里哪里！ Nǎli nǎli!
いやいや、とんでもない。

我还差得远呢。Wǒ hái chàde yuǎn ne.
まだまだですよ。

过奖，过奖！ Guòjiǎng, guòjiǎng!
とんでもない、ほめすぎです。

新出語句

117

看起来 kànqǐlai 見たところ…のようだ

时 shí（名）時間、時刻

又 yòu（副）また

被 bèi（介）～に、～から（受け身文型）

表扬 biǎoyáng（動）ほめる、表彰する

一次 yícì（数量）一回

怪不得 guàibude（応）どおりで（なるほど）

叫 jiào（介）～に、～を（使役文型）

背 bèi（動）暗記する

课文 kèwén（名）本文

让 ràng（介）～に（使役文型）

猜 cāi（動）当てる、当てようとする

流利 liúlì（形）流暢だ

对 duì（応）その通り（相手の言葉を肯定する）

又～又～ yòu~yòu~（副）～でもあり、～でもある

棒 bàng（形）素晴らしい、優れている

让人 ràng rén（副）～という気持ちになる

羡慕 xiànmù（動）羨む、羨ましがる

向 xiàng（介）目上の人に向かって

过奖 guòjiǎng（動）ほめすぎる、過分にほめる

加油 jiā//yóu（動）頑張る、応援しあう

文法ポイント

1 "被"受け身構文 118

(1) 受け身を表す構文です。多くの場合「被害の意味」が含まれます。

(2)"被"構文は動作行為を受けたその終わり方や結果の状態まで表現する必要があります。例えば日本語の受け身では「叱られた」だけでも使えますが、中国語では"骂了一顿 màle yídùn"(こっぴどく罵る)のように回数決定＝完了まで表現するのが普通です。

［基本文型］ **主語Y ＋ 介詞"被" ＋介詞目的語X ＋ 動詞＋文法成分R**

意味役割：Y(動作の対象)ガ＋X(人ニ・出来事ニヨッテ)+Rの状況へ変化させられる

文法成分Rのいろいろ：目的語・動態助詞"了"(消失する意味が表せる動詞にのみ付く)
結果補語・方向補語・様態補語(補語が表す結果をもたらす)

① 没想到小李被选为学校代表。Méixiǎng//dào Xiǎo Lǐ bèi xuǎnwéi xuéxiào dàibiǎo.
思いがけないことに、李くんが学校代表に選ばれた。

② 我的手表不见了，恐怕被人拿走了。
Wǒ de shǒubiǎo bú jiàn le, kǒngpà bèi rén názǒu le.
私の腕時計が見あたらない、誰かに持っていかれたのかもしれない。

③ 突然下起大雨了，我全身都被雨淋湿了。
Tūrán xià qǐ dàyǔ le, wǒ quánshēn dōu bèi yǔ línshī le.
突然大雨になり、私は全身ずぶ濡れになった。

④ 我的电脑被弟弟弄坏了，又要送去修理了。
Wǒ de diànnǎo bèi dìdi nònghuài le, yòu yào sòngqù xiūlǐ le.
私のパソコンが弟に壊された。また修理に出すことになった。

2 "让""叫"使役構文 119

(1) 使役を表す介詞構文です。"让"の方が丁寧で書き言葉にも使いやすい単語です。

(2)"让"には、申し出る表現"让我介绍一下"(紹介いたしましょう)、自分の感情が動かされた場合の表現"让人羡慕"(羨ましいことです)、など慣用的な用法があります。

(3) 動詞"请"は使役の一種「依頼・勧誘」を表し、構文も"让""叫"と同じです。

［基本文型］ **主語X ＋ 介詞"让""叫" ＋ 介詞目的語Y ＋ 述語V(動詞句)**

意味役割：X(動作主)ガ ＋ Y(人)ニ ＋ Vという行為をさせる

① 妈妈叫儿子先写好作业，再叫他出去玩儿。
Māma jiào érzi xiān xiěhǎo zuòyè, zài jiào tā chūqu wánr.
母は息子達にまずきちんと宿題をしてから、遊びに出かけさせます。

② 外边儿刮了大风，还在打雷。监考只好让父母们进楼来等着。
Wàibianr guāle dàfēng, hái zài dǎ//léi. Jiānkǎo zhǐhǎo ràng fùmǔmen jìn lóu lái děngzhe.
外は強風が吹き、雷も鳴っている。試験官はしかたなく外の保護者を建物に入れて待たせた。

③ 听说你考上了大学，明天我来请你吃饭。
Tīng//shuō nǐ kǎoshàngle dàxué, míngtiān wǒ lái qǐng nǐ chī//fàn
大学に合格したそうだから、明日、私はあなたに食事をごちそうしましょう。

3 動作の継続表現 120

(1) 時間を具体的に測らず、「少しの間～する」と表現する表現です。

① 没想到你们来得这么早，请等一下！
Méixiǎngdào nǐmen láide zhème zǎo, qǐng děng yíxià!
あなた達がこんなに早く来るなんて思いもよりませんでした、ちょっと待ってください。

② 我刚回来要换衣服，请再等一会儿吧。
Wǒ gāng huílai yào huàn yīfu,qǐng zài děng yíhuìr ba.
私は帰ってきたばかりで着替えをしたいです。もう少しお待ちください。

注意

① 動詞の直後に“一下”を付け、同じ動作が短時間に１回あることを示します。“两下”までは日常生活で使われ、品詞名は「動量詞」です。
動詞の重ね形も「ちょっと～する」と短時間の動作行為を表せます。（復習：第９課）

②“一会儿”は「時間の不定量（しばらくの間）」を表す単語です。動詞の直後に付け時量補語として使うほかに、単独で“一会儿～、一会儿～”（～したり、～したりする）というイディオムを作ることもあります。

星期日，我在家一会儿看书，一会儿看电视。
Xīngqīrì, wǒ zài jiā yíhuìr kàn shū, yíhuìr kàn diànshì.
日曜日は家で本を読んだり、テレビを見たりして過ごします。

4 動作の回数表現 121

(1) 動作の回数を数える代表的量詞は“次”です。普通は動作の完了を表す動態助詞“了”や経験済みであることを示す“过”の後に付けて使います。

(2) 指示詞と用いると“这次”（今回）“上次”（前回）“下次”（次回）を表します。

① 我爬长城爬过好几次了，还想再爬。 Wǒ pá Chángchéng páguo hǎojǐcì le, hái xiǎng zài pá.
私は万里の長城に何度も登ったことがありますが、また登りたいです。

② 上次考试以前我去问了几次老师，下次考试前我还要去问他一下。
Shàngcì kǎoshì yǐqián wǒ qù wènle jǐcì lǎoshī, xiàcì kǎoshì qián wǒ hái yào qù wèn tā yíxià.
試験前に先生に何度か質問しに行ったが、試験後もまた彼にちょっと質問に行くつもりだ。

注意

普通名詞は動量詞の後、代名詞は動詞のすぐ後つまり動量詞の前に置きます。

(3) 動作の数え方に特徴がある量詞もあります。"遍"は「最初から最後までで一回」、"趟"は「往復して一回」と数えます。

① 老师，我没听清楚。请您再说一遍！
Lǎoshī, wǒ méi tīngqīngchu. Qǐng nín zài shuō yíbiàn!
先生、よく聞こえませんでした。どうぞもう一度言ってください。

② 欸？我把钱包忘在家里了。我得回去一趟。
Éi? Wǒ bǎ qiánbāo wàngzài jiālǐ le. Wǒ děi huíqu yítàng.
あれ？家にお財布を忘れてきました。ちょっと帰ってこなくてはなりません。

文法ポイントの理解のために

1 繰り返しと継続の副詞"再""又""还""多" 122

1-1 "又"過去に繰り返し完了／"再"将来に繰り返す予定

① 前天我们去找他，他没在。昨天又去了一趟，他还是没在。明天我想再去找他一下。
Qiántiān wǒmen qù zhǎo tā, tā méi zài. Zuótiān yòu qùle yítàng, tā háishi méi zài. Míngtiān wǒ xiǎng zài qù zhǎo tā yíxià
一昨日私達は彼を尋ねて行ったが彼はいなかった。昨日また行ってみたが、やはりいなかった。明日私はまた彼を尋ねて行くつもりだ。

② 上次你帮了我大忙，这次又要给你添麻烦了。（近い将来に繰り返す："又要～了"）
Shàngcì nǐ bāngle wǒ dàmáng, zhècì yòu yào gěi nǐ tiān máfan le.
前回は大変お世話になりました。今回もまたお手数をおかけいたします。

③ 当时他不肯来见我，我也再不想见他了。（過去に決定付けられた不履行："再也不～"）
Dāngshí tā bù kěn lái jiàn wǒ, wǒ yě zài bù xiǎng jiàn tā le.
当時彼は私に会いに来ようとしなかったので、私ももう二度と会いたいとは思わなくなった。

1-2 "再"将来、ある時になってから繰り返す／"还"重ねて行動する

① 对不起，今天经理不能会见客人，请后天再来吧。
Duìbuqǐ, jīntiān jīnglǐ bù néng huìjiàn kèrén, qǐng hòutiān zài lái ba.
申し訳ありません、今日社長にはお会いできません。明後日(になってから)またおいで下さい。

② 对不起，今天经理不能会见客人，您后天还能来吗？
Duìbuqǐ, jīntiān jīnglǐ bù néng huìjiàn kèrén, nín hòutiān hái néng lái ma?
申し訳ありません、今日社長にはお会いできません。明後日またおいでいただけませんか？

1-3 "多"動作の分量や動作時間を増やす／"再"すでに始めた動作の継続時間を延ばす。

① 今天我妈妈做的菜好吃，你多吃点儿吧。
Jīntiān wǒ māma zuò de cài hǎochī, nǐ duō chī diǎnr ba.
今日の母の料理はおいしいですよ、たくさん食べてください。("再"は使えない)

② 她做菜做得很好，你别客气再多吃一会儿吧。
Tā zuò cài zuòde hěn hǎo, nǐ biékèqì zài duō chī yhuìr ba.
彼女は料理上手です、遠慮せずにもっと食べ(続け)てください。

2 "把"処置構文と"被"受け身構文 123

これらの構文は2つとも、動作行為の終わり方や結果の状態を表現する必要があります。文法的に似通っている構文なので、まとめて復習しておきます。

"把"構文：　Xが　Yを～する。
"被"構文：　Yは　Xに～される。
Yが具体的事物の場合、全く同じ動詞句が使える。

① 同学们把她 Tóngxuémen bǎ tā → 选为A班的班长。xuǎnwéi A bān de bānzhǎng.
クラスメイト達は彼女を　Ａ班の班長に選びました。

她被(同学们) Tā bèi (tóngxuémen) ↗
彼女はクラスメイト達に　Ａ班の班長に選ばれました。

② 南方的阳光把我 Nánfāng de yángguāng bǎ wǒ → 晒得很黑。shàide hěn hēi.
南方の陽射しが私を　黒く日焼けさせました。

我被南方的阳光 Wǒ bèi nánfāng de yángguāng ↗
私は南方の陽射しによって　黒く日焼けしました。

第10課の練習問題に取り組みましょう

1 2 3 4 1 2 3 4 5 6 7 8 9 10 11 12 下课后

第 11 課 谈爱好 趣味を語る

Dì-shíyī kè　Tán àihào

（AはBの友人、Bピアノの上手な妹がいる女性）　124

A：你 钢琴 弹得 越来越 好 了。
Nǐ gāngqín tánde yuèláiyuè hǎo le.

B：哪儿 的 话，我 妹妹 比 我 弹得 好多了。
Nǎr de huà, wǒ mèimei bǐ wǒ tánde hǎoduōle.

A：姐姐 没有 妹妹 弹得 好，你 太 谦虚 了 吧。
Jiějie méiyǒu mèimei tánde hǎo, nǐ tài qiānxū le ba.

B：是 真的。妹妹 虽然 比 我 小 四岁，但是 却 获得过 比赛 大奖。
Shì zhēnde. Mèimei suīrán bǐ wǒ xiǎo sìsuì, dànshì què huòdéguo bǐsài dàjiǎng.

A：她 这么 年轻，怎么 能 弹得 这么 好?
Tā zhème niánqīng, zěnme néng tánde zhème hǎo?

B：因为 我 妹妹 勤奋、努力，每天 都 坚持 练习。
Yīnwèi wǒ mèimei qínfèn、nǔ//lì, měitiān dōu jiānchí liànxí.

A：原来 如此。要是 我 现在 开始 学 的话，我 也 能 弹得 好 吗?
Yuánlái rúcǐ. Yàoshi wǒ xiànzài kāishǐ xué dehuà, wǒ yě néng tánde hǎo ma?

B：当然 可以。你 试试看 吧!
Dāngrán kěyǐ. Nǐ shìshikàn ba!

楽器の演奏とスポーツの種類　125

弹吉他 tán jítā　ギターを弾く
拉大提琴 tán dàtíqín　チェロを弾く
拉小提琴 lā xiǎotíqín　バイオリンを弾く
拉二胡 lā èrhú　二胡を演奏する
吹长笛 chuī chángdí　フルートを吹く
打乒乓球 dǎ pīngpāngqiú　卓球をする
打棒球 dǎ bàngqiú　野球をする
打网球 dǎ wǎngqiú　テニスをする
打篮球 dǎ lánqiú　バスケットボールをする
打排球 dǎ páiqiú　バレーボールをする
打保龄球 dǎ bǎolíngqiú　ボウリングをする
踢足球 tī zúqiú　サッカーをする
滑冰 huá//bīng　スケートをする
滑雪 huá//xuě　スキーをする

新出語句

🔊126

爱好 àihào（名）趣味
钢琴 gāngqín（名）ピアノ
弹 tán（動）弾く、演奏する
越来越～ yuèláiyuè~（副）ますます～になる
哪儿的话 nǎr de huà（套）どういたしまして
比 bǐ（介）～より（比較文型）
谦虚 qiānxū（形）謙虚である、謙遜する
虽然～但是 suírán~dànshì（接）～であるが
却 què（接）～だがしかし（理屈に反する）
获得 huòdé（動）獲得する
比赛 bǐsài（名）試合、コンテスト
大奖 dàjiǎng（名）大賞
年轻 niánqīng（形）年が若い
因为 yīnwèi（接）～なので、～だからである
勤奋 qínfèn（形）勤勉である
坚持 jiānchí（動）堅持する、頑張って続ける
练习 liànxí（動）練習する
原来如此 yuánlái rúcǐ（慣）なんだ、そうだったのか
要是～的话 yàoshi~dehuà（接）もしも～なら（どちらか一語だけでも使える）

文法ポイント

1 比較構文2種類 127

1-1 "比"構文

「XはYより、より～だ」という意味を表し、形容詞述語を用います。

[基本文型] **主語X** ＋ **介詞"比"** ＋ **介詞目的語Y** ＋ **形容詞述語A**

意味役割： Xハ ＋ (比較する対象)Yヨリ ＋ Aである

注意

比較構文で使う形容詞述語Aは必ず程度の差を表す形式でなければなりません。極限や程度を固定する副詞、程度補語は付けることができません。

(1) 比較構文の述語では**単音節形容詞**でもそのまま言い切ることができます。

① 今年夏天比去年热。Jīnnián xiàtiān bǐ qùnián rè.
今年の夏は去年より暑い。

(2) 使える程度副詞＝"更"(もっと)"还"(まだ)"要"(ずっと)
使えない副詞＝"很""太""非常""真""最"(もっとも)

① 我以为去年冬天比往年冷，可是今年冬天还要冷。
Wǒ yǐwéi qùnián dōngtiān bǐ wǎngnián lěng, kěshì jīnnián dōngtiān hái yào lěng.
私は去年の冬を例年より寒いと思っていたが、今年の冬はもっとずっと寒い。

(3) 使える程度表現＝"～一点儿""～多了"
使えない程度表現＝"～极了"

① 我哥哥比我大两岁，妹妹比我小三岁。
Wǒ gēge bǐ wǒ dà liǎngsuì, mèimei bǐ wǒ xiǎo sānsuì.
私の兄は私より2歳年上で、妹は私より3歳年下だ。

② 小李的画儿画得比你的漂亮多了。Xiǎo Lǐ de huàr huàde bǐ nǐde piàoliangduōle.
李君の絵はあなたのよりずっと美しく描けている。

1-2 "没有"を使う比較構文

「XはYより～ではない」という意味を表し、述語には単独形容詞を用います。

[基本文型] **主語X＋"没有"＋目的語Y＋(指示副詞"这么""那么")＋単独形容詞A**

意味役割：Xハ ＋ (比較する対象)Yホド ＋ ・・・・・・・・・＋ Aではない

注意

XはYほどAではない、という不足の意味を表す文型です。普通は第4課で学んだ、プラス方向の意味を表す形容詞がAとして用いられます。

① 这本书没有那本容易。Zhèběn shū méiyǒu nàběn róngyì.
この本はあの本より易しくはない。

② 这儿的风景没有那儿的那么漂亮。Zhèr de fēngjǐng méiyǒu nàr de nàme piàoliang.
ここの風景はあそこより美しくはない。

③ 他跑得没有你快。Tā pǎode méiyǒu nǐ kuài.
彼はあなたより速くは走らない。

2 同等と判定する表現 128

2-1 "一样" "一样～。"

「XはYと同じだ／同じくらい～だ」という意味を表します。比較する対象のYは介詞構造"跟＋Y"や"和＋Y"で表します。

① 你的意见和我的一样不一样？ → 完全一样。
Nǐ de yìjiàn hé wǒde yíyàngbuyíyàng? Wánquán yíyàng.
あなたの意見は私のと同じですか？ まったく同じです。

② 妈妈做的菜跟餐厅的一样好吃。Māma zuò de cài gēn cāntīng de yíyàng hǎochī.
お母さんの作った料理はレストランのと同じくらいおいしい。

2-2 "差不多" "差不多都～"

「XはYとほとんど変わりがない／ほとんどすべて～だ」という意味を表します。
比較する対象のYは、介詞構造"跟＋Y"や"和＋Y"で表します。

① 你的意见和我的差不多吧？ Nǐ de yìjiàn hé wǒ de chàbuduō ba?
あなたの意見は私のとほとんど変わりないでしょう？

→ 不，完全一样。Bù, wánquán yíyàng.
いいえ、まったく同じです。

② 暑假的研究课题我差不多都做完了。Shǔjià de yánjiū kètí wǒ chàbuduō dōu zuò wánle.
夏休みの研究課題を私はほとんどやり終えた。

注意

"一样"は形容詞として"不一样"(違っている)という否定形があります。しかし"差不多"には、否定形はありません。

❸ 類似していると判断する表現 129

「XはYに似ている／XはYのようだ」という意味を表します。比べるXとYはモノとモノ、出来事と出来事、記憶と現実など、文脈によっていろいろです。

3-1 "X像Y一样(地)～"

① 小陶长得很像妈妈，不像爸爸。Xiǎo Táo zhǎngde hěn xiàng māma, bú xiàng bàba.
陶さんはお母さん似です、お父さんには似ていない。

② 小李像爸爸一样聪明，也在大学教书。
Xiǎo Lǐ xiàng bàba yíyàng cōngmíng, yě zài dàxué jiāo//shū.
李くんはお父さんのように賢こくて、彼も大学で教えています。

3-2 "X好像Y"

① 你好像瘦了一点儿，你是不是在减肥?
Nǐ hǎoxiàng shòule yìdiǎnr, nǐ shìbushì zài jiǎnféi?
あなたは少し痩せたようですが、ダイエット中なのですか？

② 她好像有了男朋友，最近很爱打扮。
Tā hǎoxiàng yǒule nánpéngyou, zuìjìn hěn ài dǎbàn.
彼女はボーイフレンドができたみたい、最近お化粧をしっかりしているから。

文法ポイントの補充 ① 接続詞

日本語では「接続助詞」が常用されており、前句の最後で後句との関係付けや口調を整えます。中国語では日常会話で接続詞をほとんど使いませんが、きちんとした手紙文や報告文ではやはり接続詞を使います。

❶ 日常会話で単発される接続詞 130

置かれる位置は、いつも後句の先頭です。

(1)"不过""可是""但是"

日本語の「でも」「けれど」「しかし」「ぐらい」に相当します。

小李比妹妹大两岁，不过个子没有妹妹高。
Xiǎo Lǐ bǐ mèimei dà liǎngsuì, búguò gèzi méiyǒu mèimei gāo.
李さんは妹よりも2歳年上ですが、身長は妹よりも高くない。

(2)“所以(呢)”(だから～)

① 听说老师昨天晚上发烧了，所以我们可以不上课了！
Tīng//shuō lǎoshī zuótiān wǎnshàng fā//shāo le, suǒyǐ wǒmen kěyǐ bú shàng//kè le.
先生が昨晩熱を出したそうです。だから私たちは授業に出なくてもよくなった！

2 前句の先頭に置く接続詞 131

2-1 逆接と原因・結果

前句の先頭と後句の先頭にあった接続詞をペアで使うと、書き言葉の文体レベルが上がります。

(1)**“虽然～可是／但是～”**

陶老师非常热心地教我们。虽然昨晚发烧，可是今天还来上课了。
Táo lǎoshī fēicháng rèxīn de jiāo wǒmen. Suīrán zuówǎn fā//shāo, kěshì jīntiān hái lái shàng//kè le.
陶先生はとても熱心に教えてくれます。昨日熱を出したけれども、授業しに来てくれました。

(2)**“因为～，“所以～”**

因为陶老师昨晚发了高烧还没退烧，所以今天不能来上课了。
Yīnwèi Táo lǎoshī zuówǎn fāle gāoshāo hái méi tuì//shāo, suǒyǐ jīntiān bù néng lái shàng//kè le.
陶先生は昨晩高熱を出して、まだ熱がひかないため、今日は 授業に来られません。

注意

“因为”を後句の先頭に置いて、“所以”を使わずに「なぜなら～だからです」と表現する用法もあります。

2-2 仮定・推断(条件・帰結を含む)

日本語には「たら・れば・と・なら」という仮定や条件を示す接続助詞グループがあります。中国語ではこのような意味の区別を単語で表すことはありません。口語では普段、後句で接続副詞“就”を使い、前句と関連があることだけを示します。“就”は副詞なので主語の前には置けません。仮定の話であることを明確にするには“要是”“如果”を使います。

(1)**“要是／如果～的话”、主語 ＋ “就” ＋ 述語～**

① 要是明天下雨，运动会就会被取消。
Yāoshì míngtiān xià yǔ, yùndònghuì jiù huì bèi qǔxiāo.
もし明日雨が降ると、運動会はキャンセルになるはずです。

② 如果可以的话，请售货员过来一趟。Rúguǒ kěyǐ dehuà, qǐng shòuhuòyuán guòlai yítàng.
できることなら、店員さんに来てもらってください。

第11課の練習問題に取り組みましょう

第12課 谈过年 中国の旧正月

Dì-shí'èrkè Tán guònián

（A日本人学生、B中国人留学生） 132

A：马上 就 要 过“春节”了。你 是 回国 过年 还是 在 日本 过年？
Mǎshàng jiù yào guò "Chūnjié" le. Nǐ shì huíguó guò//nián háishi zài Rìběn guò//nián?

B：我 很 想 回国 过年。我 都 两年 没 回国 了。
Wǒ hěn xiǎng huíguó guò//nián. Wǒ dōu liǎngnián méi huíguó le.

A：中国 的 新年 一定 很 热闹 吧？有 什么 特别 的 活动 吗？
Zhōngguó de xīnnián yídìng hěn rènao ba? Yǒu shénme tèbié de huódòng ma?

B：中国人 喜欢 全家 团圆 过 新年。大年三十 不但 吃 最 丰盛
Zhōngguó rén xǐhuan quánjiā tuányuán guò xīnnián. Dàniánsānshí búdàn chī zuì fēngshèng

的 菜肴，而且 要 看 一年 一次 的“春晚”。
de càiyáo, érqiě yào kàn yìnián yícì de "Chūnwǎn".

A：日本人 除夕 一般 要 吃 过年荞麦面，祈祷 长寿。 中国人 呢？
Rìběn rén chúxī yìbān yào chī guòniánqiáomàimiàn, qídǎo chángshòu. Zhōngguó rén ne?

B：虽然 北方 和 南方 习惯 不 一样，北方 吃 饺子，南方 吃 汤圆、
Suīrán běifāng hé nánfāng xíguàn bù yíyàng, běifāng chī jiǎozi, nánfāng chī tāngyuán、

年糕 等，但是 过年 的 菜肴 里 一定 都 有“鱼”。
niángāo děng, dànshì guò//nián de càiyáo lǐ yídìng dōu yǒu "yú".

A：这 是 为 什么 呢？ 有 什么 含义 吗？
Zhè shì wèi shénme ne? Yǒu shénme hányì ma?

B：“鱼”和 年年有余 的“余”谐音，人们 期盼 生活 水平 逐年
"Yú" hé niánniányǒuyú de "yú" xiéyīn, rénmen qīpàn shēnghuó shuǐpíng zhúnián

提高。
tí//gāo.

新出語句

133

过年 guò//nián（離）新年を祝う、正月が過ぎる
就要～了 jiù yào~le（慣）まもなく、もうすぐ
春节 Chūnjié（名）春節、旧正月西暦では1月下旬から2月上旬にあたる
新年 xīnnián（名）お正月、新年
热闹 rènao（形）賑やかな、賑やかに
团圆 tuányuán（動）再会する、集まる
大年三十 dàniánsānshí（名）（旧暦の）大みそか
不但～而且～ búdàn~érqiě~（接）～ばかりでなく
丰盛 fēngshèng（形）豊かで盛んである
菜肴 càiyáo（名）おかず、料理
春晚 Chūnwǎn（名）春節のTV局主催の大パーティー
除夕 chúxī（名）日本の大晦日
过年荞麦面 guònián qiáomàimiàn（名）年越し蕎麦
祈祷 qídǎo（動）（～に）（～を）祈る
长寿 chángshòu（名）長寿
北方 běifāng（名）北方
习惯 xíguàn（名）習慣
汤圆 tāngyuán（名）もち米の粉で作るだんご状の食品
年糕 niángāo（名）春節に食べるもち菓子
含义 hányì（名）含まれている意味：含义很深
谐音 xiéyīn（動）字音が互いに一致または類似している
期盼 qīpàn（動）（～であることを）待ち望む
水平 shuǐpíng（名）レベル
逐年 zhúnián（副）年ごとに
提高 tí//gāo（動）向上する、向上させる

文法ポイント

1 選択疑問文 134

［基本文型］ （**是**） ＋ **X** ＋ **"还是"** ＋ **Y？**

XとYを比較して、そのどちらかを選択させる疑問文です。
XとYは同じ文法成分でなければなりません。主語どうし、述語どうしを比較させて選ばせてもよいし、連用修飾語や目的語どうしを選択させてもかまいません。

① 明天的会议谁去最合适？是我去还是你去？
Míngtiān de huìyì shéi qù zuì héshì? Shì wǒ qù háishi nǐ qù?
明日の会議には誰が行くのがいいですか？　私ですか、それともあなたですか？

② 我们坐飞机去还是坐船去？ Wǒmen zuò fēijī qù háishi zuò chuán qù?
私達は飛行機で行きますか、それとも船で行きますか？

③ 我们让孩子们学汉语还是学英语？ Wǒmen ràng háizimen xué Hànyǔ háishi xué Yīngyǔ?
私達は子供達に中国語を学ばせましょうか、それとも英語を学ばせましょうか？

2 近未来の表現 135

"要""就""快"などと語気助詞"了"を組み合わせて表します。
代表的な日本語訳「今にも～しそうだ」「もうすぐ～する」「もう～になる」

注意
疑問や否定の用法はありません。

(1)"要～了"代表的形式

① 自然現象　　要下雨了。Yào xià yǔ le.（雨が降りそうです。）

② 予定時刻あり　要上课了。Yào shàng//kè le.（もうすぐ授業です。）

(2)"就～了"

通常は発話時点からの近未来の状況（"要"より間近な印象）を表します。特定の時点からの近未来の表現にもよく使われます。

① 我哥哥明年六月就（要）大学毕业了。Wǒ gēge míngnián liùyuè jiù (yào) dàxué bì//yè le.
兄は来年の6月にはもう大学を卒業します。

(3)“快～了”

現在、定刻が迫っていることを表し、時刻だけ挿入しても使えます。

① 快八点了，你快起床吧！ Kuài bādiǎn le, nǐ kuài qǐ//chuáng ba!
もう8時になります、早く起きなさい。

② 快开演了，我们不得不打车去了。Kuài kāiyǎn le, wǒmen bùdébù dǎ//chē qù le.
もうすぐ開演です。タクシーをひろって行くしかありません。

3 疑問詞の特殊用法 136

疑問詞「誰？どれ？どこ？いつ？なに？」から疑問の意味を取り除いてしまう構文がいくつかあります。疑問詞は形を変えないまま、他の意味を表すようになります。

3-1 文末に語気助詞“吗”を付ける。

「誰か、どれか、どこか、いつか、なにか」、「いくつかの」という「不定」の意味を表します。

① 你怎么了? 脸色很苍白，哪儿不舒服吗?
Nǐ zěnme le? Liǎnsè hěn cāngbái, nǎr bù shūfu ma?
どうかしましたか？ 顔が真っ青ですが、どこか悪いのですか？

② 爷爷还要给孙子买几个礼物吗? Yéye hái yào gěi sūnzi mǎi jǐge lǐwù ma?
（父方の）祖父はまだ孫達にいくつかプレゼントを買うつもりですか？

3-2 疑問詞 ＋ 副詞“也／都” ＋ “不／没”＋ 述語

代表的訳 「誰も、どれも、どこも、いつでも、なんでも」＋「～ではない 、～である」
人、モノ、場所、時間の全ての範囲にあてはまるという意味で「汎称指示」とも呼ばれます。

① 小李着凉发烧了，什么也不想吃。Xǎo Lǐ zháo//liáng fā//shāo le, shénme yě bù xiǎng chī.
李君は風邪をひいて熱が出ました、**何も**食べたくありません。

② 今天的会议非常重要，谁也不能缺席。
Jīntiān de huìyì fēicháng zhòngyào, shéi yě bù néng quē//xí.
今日の会議は非常に重要なので、**誰も**欠席してはいけません。（欠席してよい条件がない）

③ 你有问题的话，什么时候都可以来问我。
Nǐ yǒu wèntí dehuà, shénme shíhou dōu kěyǐ lái wèn wǒ.
質問があったら、**いつでも**私に聞きに来てかまいません。

3-3 **具体的な内容がわからない事物を指す**

① 我们好像在哪儿见过，对不对？ Wǒmen hǎoxiàng zài nǎr jiànguo, duìbuduì?
私たちは**どこか**でお会いようですが、違いますか？

② 太渴了，我要喝点儿什么。Tài kě le, wǒ yào hē diǎnr shénme.
喉が渇きました、**何か**飲みたいです。

4 命令と禁止命令 137

4-1 **中国語には日本語のような命令形はありません。また英語のような動詞の原形を使って即、命令を伝える方法も取りません。これまで学んできた形式で聞き手を動かそうとします。**

(1) 助動詞“要”

你要去中国留学。Nǐ yào qù Zhōngguó liú//xué.
あなたは中国へ留学する必要があります。

(2) 介詞“让”“叫”

老师让我们买课本，一定叫我们用课本学习。
Lǎoshī ràng wǒmen mǎi kèběn, yídìng jiào wǒmen yòng kèběn xuéxí.
先生はテキストを買うように言い、必ずテキストを使って勉強させます。

(3)（控えめな命令）副詞“请”

请叫车来吧，爸爸得去医院看病。Qǐng jiào chē lái ba, bàba děi qù yīyuàn kàn//bìng.
車を呼んでください、父が病院へ診察を受けに行かねばなりません。

(4) 動作動詞に結果補語や方向補語を付けると、きつい命令表現になることがあります。
站住！Zhànzhù!（止まれ！）　坐下！Zuòxià!（座れ！）　记住！Jìzhù!（覚えておけ！）

4-2 **禁止命令には、その強さに段階があります。**

ある行為をさせない、止めさせる等の禁止命令には場面に合わせた使い分けがあります。
(1)“不要”

① 不要哭了，这张报名表拿回去吧！ Búyào kū le, zhèzhāng bàomíngbiǎo náhuíqu ba!
泣いても無駄です、この申込書を持ち帰りなさい。

(2)“别”（～しないように！）　别忘了！ Bié wàng le! 忘れないで！

(3)“不用”（～するには及びません）

① 我还是去帮帮你吧？ Wǒ háishi qù bāngbang nǐ ba? → 你不用来。Nǐ búyòng lái.
私はやはりあなたを手伝いに行きましょうか？　来てくださらなくて結構です。

❶ イディオム化した接続表現 138

前句と後句で固定した単語をペアにして用いる接続表現があります。整った書き言葉の文体には他にも譲歩や反実仮想など豊かな表現があります。

1-1 **"不但(不仅~) ~ X ~，而且~ Y ~ X"(ばかりでなく、Yでもある)**

情報を付け加えていく添加の意味を表します

① 他不但会说汉语，而且(还)会说韩语。
Tā búdàn huì shuō Hànyǔ, érqiě (hái) huì shuō Hányǔ.
彼は中国語が話せるだけでなく(さらに)韓国語も話せます。

② 他们不仅互相学习，而且(还)互相帮助。
Tāmen bújǐn hùxiāng xuéxí, érqiě (hái) hùxiāng bāngzhù.
彼らはお互い学びう合うだけでなく(さらに)お互い助け合っています。

1-2 **"只要~ X ~，(主語)就~ Y ~"(了)(Xでありさえすれば、Yとなる)**

必要最低限のXという条件さえ満たされれば、Yが実現することを表します。

① 只要他同意，这个问题就解决了。Zhǐyào tā tóngyì, zhège wèntí jiù jiějué le.
彼が同意しさえすれば、この問題は解決します。

② 只要你告诉他一声，他就会帮助你。Zhǐyào nǐ gàosu tā yìshēng, tā jiù huì bāngzhù nǐ.
あなたが彼に声をかけさえすれば、彼はあなたを手伝うことでしょう。

1-3 **"只有~ X ~，(主語)才~ Y ~ (呢)"(Xであってこそ、はじめてYとなる)**

必要不可欠のXという条件が満たされなければ、Yは実現できないことを表します。

① 只有你爷爷去看病，我们才能知道他得了什么病。
Zhǐyǒu nǐ yéye qù kàn//bìng, wǒmen cái néng zhīdao tā déle shénme bìng.
祖父が診察を受けに行ってこそ、はじめて私達は彼の病気が何かがわかります。

② 只有我们都关心环保问题，世界才能变得更好。
Zhǐyǒu wǒmen dōu guānxīn huánbǎo wèntí, shìjiè cái néng biànde gèng hǎo.
私達が皆環境保全問題に関心をもってこそ、世界はやっとよりよい変貌をとげられます。

第12課の練習問題に取り組みましょう

数字1は課文、練習問題を示す。
数字①は発音課を示す。
※これのみで単語としては使えない場合もある。

A

B

E

F

G

H

来 lái 4
兰 lán ②
篮球 lánqiú 6
狼 láng ②
浪费 làngfèi 8
劳驾 láo//jià 2
老 lǎo 4, 6
老家 lǎojiā 12
姥姥 lǎolao ①
老李 Lǎo Lǐ 4
老人家 lǎorénjiā 4
老师 lǎoshī ④1
老是 lǎoshì 8
姥爷 lǎoyé ①2
了 le 6
累 lèi 5
冷 lěng 4
梨 lí ①
离 lí 4
厘米 límǐ 4
李 Lǐ 1
李晶 Lǐ Jīng 1
里 lǐ 3
里边 lǐbiān(r) 3, 6
里面 lǐmian 3
礼物 lǐwù 9
力 lì ③
厉害 lìhai 10
历史 lìshǐ 3
联系 liánxì 10
脸色 liǎnsè 12
练习 liànxí 3, 8
聊 liáo 10
量 liáng 9
凉快 liángkuài 4
两 liǎng 1
两样 liǎngyàng 2
辆 liàng 5
亮 liàng 8
了不起 liǎobuqǐ 10
淋湿 línshī 10
留步 liúbù 6
流利 liúlì 10
流利地 liúlìde 10
流行性感冒
liúxíngxìng gǎnmào 9
留学 liúxué 3
留学 liú//xué 7
留学生 liúxuéshēng 1
六 liù ②
六十一 liùshiyī ④
六月 liùyuè 12
龙 lóng ②
楼 lóu 5, 6
楼上 lóushàng 5
旅 lǚ ③
路上 lùshang 7
路面 lùmiàn 6
旅行 lǚxíng 7
旅游 lǚyóu 7
伦敦 Lúndūn 4

M

吗 ma ①1
妈妈 māma ①11
麻 má ①
麻烦 máfan 7
麻婆豆腐 mápódòufu 4
马 mǎ ①
马上 mǎshàng 9
骂 mà ①
买 mǎi 2
～满山 ～mǎn 8
慢 màn 4
慢慢儿 mànmānr 8
漫画 mànhuà 6
慢走 mànzǒu 8
忙 máng 4
芒果 mángguǒ 2
毛 máo 2
毛衣 máoyī 2
帽子 màozi 4
玫瑰 méiguī ②
没劲儿 méijìnr 9
妹妹 mèimei ①1
美 měi 10
每次 měicì 5
美国 Měiguó 1
美国人 Měiguórén 1
美术馆 měishùguǎn 5
每天 měitiān 1
美元 měiyuán 9
没 méi 3
没有 méi yǒu 3
们 men 1
门 mén 5
门票 ménpiào 11
闷热 mēnrè 12
猕猴桃 míhóutáo 2
迷路 mí//lù 8
米 mǐ 4
米饭 mǐfàn 1
米老鼠 Mǐlǎoshǔ ④
面包 miànbāo 1
面条 miàntiáo 1
民 mín ②
明 míng ②
明白 míngbai 4
名 míng ③
名画 mínghuà 6
明亮 míngliàng ②
明年 míngnián 3
名牌大学 míngpái dàxué 11
明天 míngtiān 3

R

S

T

Y

Z

監修者

大瀧幸子
金沢大学名誉教授　日本中国語教育学会名誉会員

著者

陶琳
文学博士（金沢大学人間社会環境研究科）神田外語大学講師

本文・表紙デザイン　大下賢一郎
イラスト　メディアアート
音声吹き込み　毛興華　王英輝

ここから始める基礎中国語
学汉语第一步

© 2023年1月31日　初版発行

検印省略

監修者　大瀧幸子
著者　陶琳

発行者　小川洋一郎
発行所　株式会社　朝日出版社
〒101-0065　東京都千代田区西神田3-3-5
電話(03)3239-0271・72(直通)
振替口座　東京　00140-2-46008
http://www.asahipress.com/
倉敷印刷

乱丁・落丁本はお取り替えいたします

ISBN978-4-255-45379-8 C1087

黑龙江
黑龙江
松花江
哈尔滨
长春
吉林
沈阳
辽宁
内蒙古自治区
北京市
呼和浩特
恒山
天津市
渤海
朝鲜
韩国
日本
黄海
银川
太原
石家庄
河北
山西
济南
泰山
山东
陕西
黄河
嵩山
郑州
西安
华山
河南
江苏
合肥
南京
太湖
上海市
安徽
湖北
武汉
黄山
杭州
长江
庐山
鄱阳湖
浙江
重庆市
洞庭湖
南昌
东海
长沙
江西
湖南
贵州
贵阳
衡山
福建
福州
台北
北回帰線
台湾海峡
台湾
广西壮族自治区
广东
广州
南宁
西江
澳门
香港
越南
海口
海南
南海
0
400
800km
50°
45°
40°
35°
30°
25°
20°
135°
130°
110°
115°
120°
125°

別冊
練習問題集

簡体字と日本漢字の小噺(こばなし)

1 二つ以上の発音を持つ簡体字 … テキスト内でさえ、ホンの一部にすぎません。

(1) 声調だけが違う

教	jiāo	(動詞) 教える	：他教我们汉语。(Tā jiāo wǒmen Hànyǔ)
	jiào	(名詞の一部) 教育関係	：教室(jiàoshì), 教师(jiàoshī), 教科书(jiàokēshū)
长	cháng	(形容詞) 長い	：长短(chángduǎn), 很长时间(hěn cháng shíjiān)
	zhǎng	(動詞) 育つ	：生长(shēngzhǎng), 长得像妈妈(zhǎngde xiàng māma)
分	fēn	(度量衡) 分 (動詞) 分ける	：分钟(fēnzhōng), 分别(fēnbié), 分开(fēnkāi)
	fèn	(名詞の一部)　部分	：部分(bùfèn)
数	shǔ	(動詞) 数える	：数一数吧!(Shǔ yi shǔ ba)
	shù	(名詞の一部) 数学関係	：数学(shùxué), 分数(fēnshù), 数量(shùliàng)

(2) 声母韻母が違う

乐	lè	(形容詞) 楽しい	：快乐(kuàilè), 乐极了(lè jíle)
	yuè	(名詞の一部) 楽曲	：音乐(yīnyuè), 乐曲(yuèqǔ)

2 簡体字と日本漢字の似て非なる形 … 書けていると思っても書けてない! 最初が肝心、慎重に記憶しましょう。

(1) 画数の違い

德国 Déguó の「德」と、道徳の「徳」 ～ 簡体字の画数がプラス1

着急 zháojí の「着」と、着実の「着」 ～ 簡体字の画数がマイナス1

所以 suǒyǐ の「以」と、所以の「以」 ～ 簡体字の画数がマイナス1

(2) つきでるか、おさまるかの違い

一边 yìbiān の「边」と、一辺倒の「辺」

画家 huàjiā の「画」と、画家の「画」

告别 gàobié の「别」と、告別式の「別」

(3) 点が無いか、有るかの違い

对面 duìmiàn の「对」と、対面の「対」

散步 sànbù の「步」と、散歩の「歩」

(4) 左側か右側かの違い

滑冰 huábīng の「滑」と、滑走路の「滑」

3 〈同じ繁体字由来〉の漢字でも意味が異なる単語 … まだまだあります!

手纸 shǒuzhǐ トイレットペーパーと、「手紙」(レター)

汽车 qìchē 自動車と、「汽車」(線路を走る汽車)

认识 rènshi 見知る(見分けがつく)と、「認識」(深く理解する)

練習用語彙表

（1）日本中国語教育学会の「初級ガイドライン」(2007)を基に作成してあります。
　初級の範囲を超えた語句も含まれていますが使用頻度が高い語句を選んであります。
（2）練習問題のところどころで単語の入れ替え練習に使います。

3. 数詞② 10 ～ 80

十 shí　十一 shíyī　十二 shíèr　十三 shísān　十四 shísì　十五 shíwǔ　十六 shíliù　十七 shíqī　十八 shíbā　十九 shíjiǔ
二十 èrshí　二十一 èrshiyī　二十二 èrshièr　二十三 èrshisān 二十四 èrshisì　二十五 èrshiwǔ　二十六 èrshiliù　二十七 èrshiqī　二十八 èrshibā　二十九 èrshijiǔ
三十 sānshí　三十一 sānshiyī　三十二 sānshièr　三十三 sānshisān　三十四 sānshisì　三十五 sānshiwǔ　三十六 sānshiliù　三十七 sānshiqī　三十八 sānshibā　三十九 sānshijiǔ
四十 sìshí　四十一 sìshiyī　四十二 sìshièr　四十三 sìshisān　四十四 sìshisì　四十五 sìshiwǔ　四十六 sìshiliù　四十七 sìshiqī　四十八 sìshibā　四十九 sìshijiǔ
五十 wǔshí　五十一 wǔshiyī　五十二 wǔshièr　五十三 wǔshisān　五十四 wǔshisì　五十五 wǔshiwǔ　五十六 wǔshiliù　五十七 wǔshiqī　五十八 wǔshibā　五十九 wǔshijiǔ　六十 liùshí　七十 qīshí　八十 bāshí

4. 数詞 ③ 90 ～

★位数を飛ばすときには“零líng”を入れます。

★最後の位数を省略する表現も覚えておくと便利です。

九十 jiǔshí　九十九 jiǔshijiǔ　一百 yìbǎi　101 一百零一 yìbǎi líng yī　110 一百一(十)yìbǎi yī(shí)二百 èrbǎi ／两百 liǎngbǎi 三百 sānbǎi 四百 sìbǎi 五百 wǔbǎi 六百 liùbǎi 七百 qībǎi 八百 bābǎi 九百 jiǔbǎi　990 九百九(十)jiǔbǎi jiǔ(shí)
1000 一千 yìqiān　1001 一千零一 yìqiān líng yī　1100 一千一(百) yìqiān yì(bǎi) 1200 一千二(百)yìqiānèr(bǎi)　1201 一千二百零一 yìqiān èrbǎi líng yī　2000 两千 liǎngqiān 2200 两千二(百)liǎngqiān　èr(bǎi)三千 sānqiān　四千 sìqiān　五千 wǔqiān　六千 liùqiān　七千 qīqiān 八千 bāqiān　9999 九千九百九十九 jiǔqiān jiǔbǎi jiǔshíjiǔ
10000 一万 yíwàn　10001 一万零一 yíwàn líng yī　10101 一万零一百零一 yíwàn líng yìbǎi líng yī 12901 一万两千九百零一 yíwàn liǎngqiān jiǔbǎi líng yī　18900 一万八千九(百)yíwàn bāqiān jiǔ(bǎi)
22000 两万二 liǎngwàn èr　两万两千 liǎngwàn liǎngqiān　220000 二十二万 èrshí èr wàn 2890000 两百八十九万 liǎngbǎi bāshí jiǔ wàn　20000000 两千万 liǎngqiān wàn　一亿 yíyì 两亿 liǎngyì　十四亿 shísì yì

5. 時刻の言い方　←　疑問文：现在几点?

	時間の単位“点（钟）”（時)、“刻”（15 分）と“分”（分）を使います。
2:00	两点（钟）liǎng diǎn zhōng
3:08	三点（零）八分 sān diǎn（líng）bā fēn
9:15	九点一刻 jiǔ diǎn yí kè ＝九点十五（分）　jiǔ diǎn shíwǔ（fēn）
10:30	十点半　shí diǎn bàn ＝十点三十（分）shí diǎn sānshí（fēn）
11:45	十一点三刻 shí yī diǎn sān kè ＝ 十一点四十五（分）shí yī diǎn sìshíwǔ（fēn） ＝差一刻十二点 chà yí kè shíèr diǎn ＝差十五分十二点 chà shíwǔ fēn shíèr diǎn
12:56	十二点五十六分 shíèr diǎn wǔshíliù fēn ＝ 差四分十三点 chà sì fēn shísān diǎn

6. 年月日の言い方　←　疑問文：几月几号?

年	一九六七年　yī jiǔ liù qī nián　二〇一五年　èr líng yī wǔ nián　二〇二三年 èr líng èr sān nián 明年 míngnián　去年 qùnián　前年 qiánnián　大前年 dàqiánnián　后年 hòunián　大后年 dàhòunián
月	一月 yīyuè　二月 èryuè　三月 sānyuè　四月 sìyuè　五月 wǔyuè　六月 liùyuè　七月 qīyuè 八月 bāyuè　九月 jiǔyuè　十月 shíyuè　十一月 shíyīyuè　十二月 shíèryuè 上个月 shàng ge yuè（先月）　这个月 zhège yuè（今月）　下个月 xià ge yuè（来月）
号 日	一号 yī hào　二号 èr hào　三号 sān hào　四号 sì hào　五号 wǔ hào　六号 liù hào　七号 qī hào 二十号 èrshí hào 二十七号 èrshiqī hào　二十八号 èrshibā hào　二十九号 èrshijiǔ hào　三十号 sānshí hào 三十一号 sānshíyī hào

7. 曜日の言い方 ← 疑問文：星期几?

星期一（月） xīngqīyī	星期二（火） xīngqīèr	星期三（水） xīngqīsān	星期四（木） xīngqīsì	星期五（金） xīngqīwǔ	星期六（土） xīngqīliù	星期天／日（日） xīngqītiān/rì
周一 zhōuyī	周二 zhōuèr	周三 zhōusān	周四 zhōusì	周五 zhōuwǔ	周六 zhōuliù	周日 zhōurì
上（个）星期／上周（先週） shàng ge xīngqī ／ shàngzhōu		这（个）星期／这周（今週） zhège xīngqī ／这周 zhèzhōu		下（个）星期／下周（来週） xià ge xīngqī ／ shàngzhōu		

8. 生活時間の区切り

早上 zǎoshang （朝）	上午 shàngwǔ （午前）	中午 zhōngwǔ （昼）	中午 zhōngwǔ （昼）		白天 báitiān （昼間）	下午 xiàwǔ （午後）	晚上 wǎnshang （夜）	夜里 yèli （夜）	刚才 gāngcái （先程）
今天 jīntiān （今日）	明天 míngtiān （明日）	昨天 zuōtiān （昨日）	前天 qiántiān （一昨日）	后天 hòutiān （明後日）	现在 xiànzài （現在）	以前 yǐqián （以前）	以后 yǐhòu （今後）	将来 jiānglái （将来）	后来 hòulái （その後）

9. 継続する時間の言い方 ← 疑問文：要多长时间?

十分钟 （10 分間） shí fēn zhōng	三十分钟 （30 分間） sānshí fēn zhōng	一个钟头 （1 時間） yí ge zhōngtóu	三个小时 （3 時間半） sān ge bàn xiǎoshí	五个多小时 （5 時間余り） wǔ ge duō xiǎoshí
半天 （半日間） bàn tiān	两天 （2 日間） liǎng tiān	八天半 （8 日半） bā tiān bàn	十多天 （10 日間余り） shí duō tiān	二十几天 （二十何日間） èrshí jǐ tiān
一个星期 （1 週間） yí ge xīngqī	两个星期 （2 週間） liǎng ge xīngqī	三个星期 （3 週間） sān ge xīngqī	三个多星期 （3 週間余り） sān ge duō xīngqī	四个星期 （4 週間） si ge xīngqī
半个月 （半月） bàn ge yuè	两个月 （2 か月間） liǎng ge yuè	六个月 （6 か月間） liù ge yuè	八个半月 （8 か月半） bā ge bàn yuè	九个多月 （9 か月余り） jiǔ ge duō yuè
半年 （半年間） bàn nián	两年 （2 年間） liǎng nián	七年半 （7 年半） qī nián bàn	二十多年 （20 年余り） liǎngshí duō nián	三十几年 （三十何年間） sānshí jǐ nián

10. 国と地名　←　疑問文：你是哪国人?　你是哪里人?

日本 Rìběn （日本）	中国 Zhōngguó （中国）	美国 Měiguó （アメリカ）	英国 Yīngguó （イギリス）	法国 Fǎguó （フランス）	德国 Déguó （ドイツ）	俄国 Éguó （ロシア）	韩国 Hánguó （韓国）
东京 Dōngjīng （東京）	北京 Běijīng （北京）	纽约 Niǔyuē （ニューヨーク）	伦敦 Lúndūn （ロンドン）	巴黎 Bālí （パリ）	柏林 Bólín （ベルリン）	莫斯科 Mòsīkē （モスクワ）	首尔 Shǒuěr （ソウル）
上海 Shànghǎi （上海）	台湾 Táiwān （台湾）	香港 Xiānggǎng （ホンコン）	亚洲 Yàzhōu （アジア）	欧洲 Yàzhōu （ヨーロッパ）	大阪 Dàbǎn （大阪）	京都 Jīngdū （京都）	广州 Guǎngzhōu （広州）

11. 学生の身分

★"学生"の発音に注意しましょう。軽声に発音するのは"学生"だけです。
ほかは、例えば小学校の「学生」という意味を"生 shēng"一文字で表します。

学生（学生） xuésheng	小学生（小学生） xiǎoxuéshēng	初中生（中学生） chūzhōngshēng	高中生（高校生） gāozhōngshēng	大学生（大学生） dàxuéshēng
留学生（留学生） liúxuéshēng	本科生（学部生） běnkēshēng	研究生（大学院生） yánjiūshēng	硕士生（修士学生） shuòshìshēng	博士生（博士生） bóshìshēng

12. 食べ物・飲み物・果物

食べ物　←　你吃什么?

早饭 zǎofàn （朝ご飯）	午饭 wǔfàn （昼ご飯）	晚饭 wǎnfàn （夕飯）	米饭 mǐfàn （ご飯）	炒饭 chǎofàn （チャーハン）	面包 miànbāo （パン）	麻婆豆腐 mápódòufu （麻婆豆腐）
色拉 sèlā （サラダ）	咕咾肉 gǔlǎoròu （酢豚）	饺子 jiǎozi （餃子）	棒棒鸡 bàngbàngjī （棒棒鶏）	汉堡包 hànbǎobāo （ハンバーガー）	烧卖 shāomài （焼売）	青椒肉丝 qīngjiāoròusī （ピーマンと肉の千切り炒め）
肉包子 ròubāozi （肉まん）	小笼包 xiǎolóngbāo （小籠包）	点心 diǎnxīn （菓子）	蛋糕 dàngāo （ケーキ）	杏仁豆腐 xìngréndòufu （杏仁豆腐）	咖喱饭 gālífàn （カレーライス）	冰淇淋 bīngqílín （アイスクリーム）
天妇罗 tiānfùluó （天婦羅）	烤鱼 kǎoyú （焼き魚）	寿司 shòusī （寿司）	牛肉饭 niúròufàn （牛丼）	生鱼片 shēngyúpiàn （刺身）	比萨 bǐsà （ピザ）	北京烤鸭 beijīngkǎoyā （北京ダック）

飲み物 ← 你喝什么?

白酒 bǎijiǔ （焼酎）	葡萄酒 pútaojiǔ （ワイン）	生啤 shēngpí （生ビール）	威士忌 wēishìjì （ウイスキー）	茉莉花茶 mòlìhuāchá （ジャスミン茶）	矿泉水 kuàngquánshuǐ （ミネラルウォーター）
菊花茶 júhuāchá （菊花の茶）	汽水儿 qìshuǐr （サイダー）	可口可乐 kěkǒukělè （コーラ）	乌龙茶 wūlóngchá （ウーロン茶）	番茄汁 fānqiézhī （トマトジュース）	橙汁 chéngzhī （オレンジジュース）

果物 ← 你吃什么水果?

水果 shuǐgu （果物）	苹果 píngguǒ （りんご）	橘子 júzi （みかん）	香蕉 xiāngjiāo （バナナ）	桃 táo （桃）	芒果 mángguǒ （マンゴー）	猕猴桃 míhóutáo （キウイフルーツ）	西瓜 xīguā （スイカ）
草莓 cǎoméi （イチゴ）	樱桃 yīngtáo （サクランボ）	柿子 shìzi （柿）	葡萄 pútao （ぶどう）	梨 lí （梨）	哈密瓜 hāmìguā （メロン）	荔枝 lìzhī （ライチ）	菠萝 bōluó （パイナップル）

13. 常用名量詞（類別詞とも呼ぶ）

量詞	用法	例
个 ge	広く人や物を数える	人（人），橘子（みかん），苹果（りんご），问题（質問），报告（報告） rén júzi píngguǒ wèntí bàogào
本 běn	書物を数える	书（本），词典（辞書），小说（小説），杂志（雑誌），课本（教科書） shū cídiǎn xiǎoshuō zǎzhì kèběn
张 zhāng	平面の目立つ物を数える	桌子（机），照片（写真），地图（地図），月票（定期），机票（航空券） zhuōzi zhàopiàn dìtú yuèpiào jīpiào
盒 hé	小箱に入った物を数える	方便面（カップラーメン），膏药（膏薬），点心（菓子） fāngbiànmiàn gāoyào diǎnxīn
家 jiā	商店や企業を数える	商店（商店），公司（会社），书店（本屋），饭馆（レストラン） shāngdiàn gōngsī shūdiàn fànguǎn
口 kǒu	家族の総数、口調	人（人），一口流利的汉语（流暢な中国語） rén yìkǒu liúlì de Hànyǔ
块 kuài	塊状の物を数える	手表（時計），黑板（黒板），面包（パン），巧克力（チョコレート） shǒubiǎo hēibǎn miànbāo qiǎokèlì
位 wèi	敬意を受ける人	客人（客），老师（先生），先生（～さん），代表（代表），领导（指導者） kèrén lǎoshí xiānsheng dàibiǎo lǐngdǎo
只 zhī	動物を数える	熊猫（パンダ），鸡（ニワトリ），小鸟（小鳥），老虎（虎），羊（羊） xióngmāo jī xiǎoniǎo lǎohǔ yáng
条 tiáo	細長い動物を数える	狗（犬），鱼（魚），蛇（蛇），龙（竜） gǒu yú shé lóng
匹 pǐ	馬や驢馬／布・絹織物を数える	马（馬），骡子（驢馬），骆驼（ラクダ）／布（布），绸子（絹織物） mǎ luózi luòtuo bù chóuzi

头 tóu	家畜／ニンニクの球根を数える	牛（牛），猪（豚），狮子（ライオン），象（象）／蒜（ニンニク） niú zhū shīzi xiàng suàn
枝 zhī	細い棒状の物を数える	铅笔（鉛筆），香烟（煙草），蜡烛（蠟燭），手枪（ピストル）， qiānbǐ xiāngyān làzhu shǒuqiāng
件 jiàn	衣類や荷物／出来事を数える	衣服（服），大衣（コート），上衣（上着），行李（荷物）／事（用事） yīfu dàyī shàngyī xínglì shì
把 bǎ	握る部分のある物を数える	雨伞（傘），椅子（椅子），扇子（うちわ），钥匙（鍵） yǔsǎn yǐzi shànzi yàoshi
条 tiáo	細長い地形や道具・生活物資 / 人体などを数える	铁路（鉄道），河（川），裙子（スカート），裤子（ズボン），/（两条）腿（足） tiělù hé qúnzi kùzi tuǐ
杯 bēi	飲み物をコップに入れて数える	咖啡（コーヒー），牛奶（牛乳），红茶（紅茶），普洱茶（プーアル茶） kāfēi niúnǎi hóngchá pǔ'ěrchá
盘 pán	食べ物を皿に盛って数える	菜（料理），炒面（焼きそば），水饺（水餃子） cài chǎomiàn shuǐjiǎo
瓶 píng	瓶に入っている飲み物を数える	啤酒（ビール），红葡萄酒（赤ワイン），矿泉水（ミネラルウォーター） píjiǔ hóngpútaojiǔ kuàngquánshuǐ
碗 wǎn	碗に入っている食べ物を数える	米饭（ご飯），鸡蛋汤（卵スープ），牛肉面（牛肉麺）， mǐfàn jīdàntāng niúròumiàn
套 tào	セット・組になっている物を数える	西服（スーツ），邮票集（切手集），餐具（食器）， xīfú yóupiào cānjù
双 shuāng	対になっている物（身体部位含む）を数える	手套（手袋），袜子（靴下），鞋（靴），筷子（箸），眼睛（目），手（手） shǒutào wàzi xié kuàizi yǎnjīng shǒu
辆 liàng	車を数える	汽车（自動車），自行车（自転車），公交车（バス），的士（タクシー） qìchē zìxíngchē gōngjiāochē díshì
台 tái	機械／舞台で演じられる出し物を数える	电脑（パソコン），电视机（テレビ），冰箱（冷蔵庫）／话剧（新劇） diànnǎo diànshìjī bīngxiāng huàjù
栋 dòng	家屋の棟を数える	高楼（高い建物），平房（平屋） gāolóu píngfáng
箱 xiang	箱入りのものを数える（コロナで盛んになった売り方）	书（本），水果（果物），蔬菜（野菜），橘子（みかん） shū shuǐguǒ shūcài júzi

14. 温度に関する形容詞

接触感無し（全身感覚）	热（暑い）rè	冷（寒い）lěng	凉快（涼しい）liángkuài	暖和（暖かい）nuǎnhuo	温和（温暖である）wēnhé
接触感あり	热（熱い）rè	凉（冷たい）lěng	冰凉（非常に冷たい）bīngliáng	暖和和（暖かい）nuǎnhuōhuō	温和（暖かい）wēnhé

15. 味覚を表す形容詞

甜（甘い）tián	辣（辛い）là	咸（塩辛い）xián	酸（酸っぱい）suān	苦（苦い）kǔ	涩（渋い）sè

16. 人の態度を表す形容詞

认真 rènzhēn（真面目である）	努力 nǔlì（努力家である）	热情 rèqíng（親切である）	热心 rèxīn（熱心だ）	勤奋 qínfèn（勤勉である）	勤恳 qínkěn（勤勉で誠実である）	踏实 tāshi（着実である）

17. 人の感情を表す形容詞・動詞

形容詞	高兴 gāoxìng（嬉しい）	热情 rèqíng（熱情）	愉快 yúkuài（楽しい）	快乐 kuàilè（愉快である）	开心 kāixīn（楽しい）	兴奋 xīngfèn（興奮している）
動詞	喜欢 xǐhuan（好きである）	怕 pà（怖がる）	害怕 hàipà（恐れる）	担心 dānxīn（心配する）	讨厌 tǎoyàn（嫌がる）	羡慕 xiànmù（羡ましく思う）

第1課 練習問題

❶ 音声を聞き、聞き取った語句の簡体字とピンインを書きましょう。簡体字は（　　　）に、ピンインは＿＿＿に書くこと。

139

（1）私たちは日本人です。

（　　　　）是（　　　　）人。

ピンイン ＿＿＿＿　＿＿＿＿

（2）彼らは中国人です。

（　　　　）是（　　　　）人。

ピンイン ＿＿＿＿　＿＿＿＿

（3）彼は東京の人です。

（　　　　）是（　　　　）人。

ピンイン ＿＿＿＿　＿＿＿＿

（4）彼女は北京の人です。

（　　　　）是（　　　　）人。

ピンイン ＿＿＿＿　＿＿＿＿

❷ ピンインを簡体字に書き換えましょう。その後、音声に続いて発音練習をしましょう。

140

（1）お尋ねします、お名前は何とおっしゃいますか？（苗字のみ丁寧に聞く。また同輩以上に聞く。）

Qǐngwèn, nín guìxìng? ／ Nǐ jiào shénme míngzi?

＿＿＿＿＿＿＿＿＿＿＿＿＿＿＿＿

（2）私は姓を李と言い、名前は李晶と言います。

Wǒ xìng Lǐ, jiào Lǐ Jīng.

＿＿＿＿＿＿＿＿＿＿＿＿＿＿＿＿

(3) 私たちはみんなが大学生というわけではありません，大学院生もいます。

Wǒmen bù dōu shì dàxuéshēng, yě yǒu yánjiūshēng.

(4) 彼らは皆アメリカ人ではなく、イギリス人です。

Tāmen dōu bú shì Měiguó rén, dōu shì Yīngguó rén.

3 簡体字をピンインに書き換えましょう。その後、ピンインだけを見て発音練習をしましょう。

141

(1) あなたは中国語の先生ですか?

你是汉语老师吗?

(2) 私は高校生ではありません、大学生です。

我不是高中生，是大学生。

(3) 彼女はフランス人留学生で、私はドイツ人留学生です。

她是法国留学生，我是德国留学生。

(4) 私達は韓国人ではなく、中国人です。

我们都不是韩国人，是中国人。

4 音声を聞き(　　　)に簡体字を一文字づつ書き入れて文章を完成させましょう。

142

(1) 妹は小学生です。

妹妹是(　　　)(　　　)(　　　)。

(2) 彼らは皆博士です。

他们(　　　)(　　　) 博士生。

(3) あなたは修士学生ですか。

你是(　　　)(　　　) 生(　　　) ?

(4) 彼女はアメリカ留学生ですか。

她是(　　　)(　　　) 留学生(　　　) ?

5 簡体字をピンインに書き換えましょう。その後、ピンインだけを見て発音練習をしましょう。

143

★練習用語彙表11「学生の身分」、12「食べ物・飲み物・果物」から単語を探しましょう。

(1) 私達は皆カレーライスと焼売をたべます。

我们都吃咖喱饭和烧卖。

(2) 彼らも皆中学生ではありません。

他们也都不是初中生。

(3) 彼はジャスミン茶を飲みます。

他喝茉莉花茶。

(4) 彼女は苺を食べます。私は桃を食べます。

她吃草莓，我吃桃子。

---

❻ 音声を聞き（　　　）に簡体字を一文字づつ書き入れて文章を完成させましょう。

144

★練習用語彙表11「学生の身分」、12「食べ物・飲み物・果物」から単語を探しましょう。

(1) 私たちはリンゴを食べ，バナナも食べます。

我们吃（　　　）（　　　），也吃（　　　）（　　　）。

(2) 彼らは学部生ではなく、皆大学院生です。

他们不是（　　　）（　　　）（　　　），都是（　　　）（　　　）（　　　）。

(3) あなたはワインを飲んで、私は生ビールを飲みます。

你喝（　　　）（　　　）（　　　），我喝（　　　）（　　　）。

(4) 姉は朝もご飯を食べないで，パンを食べます。

姐姐（　　　）（　　　）（　　　）不吃米饭，吃（　　　）（　　　）。

(5) 兄は昼ご飯に牛丼を食べ、餃子を食べません。

哥哥午饭吃（　　　）肉（　　　），不吃（　　　）（　　　）。

(6) 弟はミネラルウォーターを飲まずに、コーラを飲みます。

弟弟不喝（　　　）（　　　）（　　　），喝（　　　）（　　　）（　　　）（　　　）。

1 2 3 4 1 2 3 4 5 6 7 8 9 10 11 12 在商场买东西

第2課 練習問題

1 音声を聞き、聞き取った単語の簡体字とピンインを書きましょう。
簡体字は(　　　)に、ピンインは＿＿に書くこと。

145

★ 練習用語彙表13「常用名量詞」から単語を探しましょう。
★ 練習用語彙表に含まれない単語は(　)にピンインや簡体字が入れてあります。

(1) 私は手袋を3つ持っています。

我有(yǒu)三(　　　　)手套。

ピンイン＿＿＿＿

(2) 妹は毎日コップ2杯の牛乳を飲みます。

妹妹每天都喝两(　　　　)牛奶。

ピンイン＿＿＿＿

(3) 父は毎朝1杯のご飯、1匹の焼き魚を食べます。

爸爸每天早上都吃一(　　　　)米饭、一(　　　　)烤鱼。

ピンイン＿＿＿＿　ピンイン＿＿＿＿

(4) 日曜日に姉は飛行機のチケットを2枚買います。

星期日，姐姐买两(　　　　)机票。

ピンイン＿＿＿＿

(5) あなたの家は何人家族ですか?

你家有几(　　　　)人?

ピンイン＿＿＿＿

(6) すみません、このパソコンはいくらですか?

劳驾，这(　　　　)电脑多少钱?

ピンイン＿＿＿＿

(7) あの5冊の日中辞書、英日辞書は皆私のです。

那五(　　　　)日中词典、英日词典都是我的。

ピンイン＿＿＿＿

(8) あの3人の先生は皆中国語の先生です。

那三(　　　　　)老师都是汉语老师。

ピンイン ……………………

(9) 午後3時に私は1杯のコーヒー、1個の苺ケーキを食べます。

下午三点我喝一(　　　　　)咖啡，吃一(　　　　　)草莓蛋糕。

ピンイン …………………… ピンイン ……………………

(10) 上海動物園には8頭のパンダと3頭のライオンがいます。

上海(Shànghǎi)动物园(dòngwùyuán)有八(　　　　　)熊猫和三(　　　　　)狮子。

ピンイン …………………… ピンイン ……………………

2 音声を聞き(　　　)に簡体字を一文字づつ書き入れて文章を完成させましょう。

146

★練習用語彙表8「生活時間の区切り」、13「常用名量詞」などから単語を探しましょう。

(1) あの犬は誰の犬ですか→　私のです。

那(　　　)狗是谁(shéi)的狗？ →　它(　　　)我(　　　)。

(2) 私は1箱の牛肉カップラーメンをもらいます。あなたは？

我要一(　　　)牛肉(　　　)方便面。你(　　　)？

(3) ようこそいらっしゃいませ。

(　　　)(　　　)(　　　)(　　　)！

(4) この白いのはLサイズで、あの黒いのはMサイズです。

(　　　)条白色的是大号的，(　　　)(　　　)黑色的是中号的。

(5) 私はこの2品を買います。いくらですか？

我买(　　　)(　　　)样，(　　　)(　　　)(　　　)？

(6) この雨傘はいくらですか?→　510円です。

这(　　　)雨伞，多少钱?　→　五百(　　　)(　　　)(　　　)。

(7) 私はあのズボンがほしいです。あなたは?

我要(　　　)(　　　)裤子。你呢?

(8) 父の工場は昼も夜も働きます。彼らの会社は?

爸爸的工厂(　　　)(　　　)、(　　　)(　　　)都工作。(　　　)(　　　)工厂呢?

(9) あなた達は何曜日にドイツ語を学び、何曜日にフランス語を学びますか?

你们(　　　)(　　　)(　　　)学德语?(　　　)(　　　)(　　　)学法语?

(10) まだ他の物が欲しいですか?

还(　　　)(　　　)(　　　)吗?

3 **日本語の意味になるように(　　　)に簡体字を一文字づつ書き入れて文章を完成させましょう。その後音声に続いて発音をしながら答え合わせをしましょう。**

147

(1) 私の家は6人家族です、(母方の) 祖父と両親と2人の妹がいます。

我家有(　　　)(　　　)(　　　)，(　　　)(　　　)、(　　　)(　　　)和两个(　　　)(　　　)。

(2) 今日は何曜日ですか?　→　今日は水曜日です。

今天星期几?　→　今天(　　　)(　　　)(　　　)。

(3) 私はLサイズのワイシャツがほしいです。あなたは?

我要(　　　)(　　　)(　　　)白衬衫(chènshān)。你(　　　)?

(4) あの黒いズボンは兄のです。弟のは白いです。

黑裤子是哥哥(　　　)，弟弟(　　　)是白色的。

(5) 今何時ですか？ → 2時半です。

现在(　　　)(　　　)？ → 两(　　　)(　　　)。

(6) あなたの誕生日は何月何日ですか？

(　　　)(　　　)生日(shēngrì)(　　　)月(　　　)号?

(7) 私の誕生日は9月8日です。

(　　　)(　　　)生日(　　　)(　　　)(　　　)(　　　)。

(8) あなたは大学生です。あなたのお姉さんは？

你是(　　　)(　　　)(　　　)。(　　　)(　　　)(　　　)(　　　)？

(9) 私の携帯電話はどこにありますか。

(　　　)(　　　)手机(shǒujī)(　　　)？

(10) この数冊の本は私のです。あれらの本は私の父のです。

(　　　)几(　　　)书是我(　　　)。(　　　)(　　　)书是我(　　　)(　　　)(　　　)。

   第3課 練習問題

1 ピンインを簡体字に書き換え、音声に続いて発音しましょう。

148

(1)（父方の）おじいさんの手袋はあの机の上にあり、おばあさんのはこの椅子の上にあります。

Yéye de shǒutàor zài nàzhāng zhuōzishang, nǎinai de zài zhèbǎ yǐzishang.

---

(2) あなた達の大学は東京にありますか？ → 私達の大学は東京ではなく、大阪にあります。

Nǐmen dàxué zài Dōngjīng ma? → Wǒmen dàxué bú zài Dōngjīng, zài Dàbǎn.

---

(3) あなたの家はどこにありますか？ → 私の家は京都にあります。

Nǐ jiā zài nǎr? → Wǒ jiā zài Jīngdū.

---

(4) 本屋はコンビニの隣にありますか？ → いいえ、本屋は中華料理店の隣にあります。

Shūdiàn zài biànlìdiàn（便利店）pángbiānr ma? → Bù shūdiàn zài zhōngcāntīng pángbiānr.

---

(5) お尋ねしますが、大学の中に郵便局はありますか？

Qǐngwèn, dàxué lǐmian yǒu yóujú（邮局）ma?

---

(6) →ありません。大学の向かい側に１軒の郵便局があります。

Méiyǒu, dàxué duìmiàn yǒu yíge yóujú.

---

(7) 私には2人の妹がいます。あなたにはキョウダイがいますか？

Wǒ yǒu liǎngge mèimei, Nǐ yǒu xiōngdì jiěmèi（兄弟姐妹）ma?

---

(8) あなたの家の近くに銀行はありますか？ → あります，私の家の近くには3軒の銀行があります。

Nǐjiā fùjìn（附近）yǒu yínháng ma? → Yǒu, wǒjiā fùjìn yǒu sānjiā yínháng.

---

❷ 音声を聞き、聞き取った単語の簡体字とピンインを書きましょう。
簡体字は（　　　）に、ピンインは＿＿＿に書くこと。

149

(1) あなたは夜、どこへ行きますか？ → （父方の）祖母のところです。

你晚上去（　　　　　）？ → 去奶奶（　　　　　）。

ピンイン ＿＿＿＿＿＿　＿＿＿＿＿＿

(2) お父さんは毎日何時に出勤しますか？ → 8時頃です。

爸爸每天（　　　　　）上班? → 八（　　　　　）左右。

ピンイン ＿＿＿＿＿＿　＿＿＿＿＿＿

(3) 大学の正門の向かい側に大きなビルがあります。あそこで働いているのはどんな人達ですか？

大学正门的（　　　　　）有一栋大楼。在那儿工作的是（　　　　　）？

ピンイン ＿＿＿＿＿＿　＿＿＿＿＿＿

(4) あなたはどの大学の学生ですか？ → 私は外国語大学の学生です。

你是（　　　　　）大学的学生? → 我是（　　　　　）大学的学生。

ピンイン ＿＿＿＿＿＿　＿＿＿＿＿＿

(5) あなたの専攻は何ですか？ → 私の専攻は英語です。

你的专业（zhuānyè）是（　　　　　）？ → 我的专业是（　　　　　）。

ピンイン ＿＿＿＿＿＿　＿＿＿＿＿＿

(6) あなたは今日いつ夕食を食べますか？ → 私は6時半に夕食を食べます。

你今天(　　　　　　　　)吃晩饭？ 我(　　　　　　　)吃晩饭。

ピンイン ……………… ………………

(7) 食卓の上にどんなものがありますか？ → いくつかの肉まんと一皿のお寿司(shòusī) があります。

餐桌上有(　　　　　　)？ → 有(　　　　　　)肉包子和(　　　　　　)寿司。

ピンイン ……………… ……………… ………………

(8) すみません，どんな飲み物を召し上がりますか？ → オレンジジュースを1杯お願いします。

请问，您喝(　　　　　　)饮料？ → 来(Lái)一杯(　　　　　　　)。

ピンイン ……………… ………………

3 音声を聞き(　　　　)に簡体字を一文字づつ書き入れて文を完成させましょう。

150

(1) あなたはいつも学生食堂でどんな料理を注文しますか？

你(　　)(　　)(　　)学生食堂点(diǎn)(　　)(　　)菜?

(2) 私がスカートを買った店は銀行の隣にあります。

我(　　)(　　)(　　)的商店(　　)银行(　　)(　　)(　　)(　　)。

(3) 弟達が外で遊んでいる時、兄は家で読書をしています。

弟弟们在(　　)(　　)(　　)玩儿(wánr)的(　　)(　　)，哥哥

(　　)(　　)看书。

(4) お手洗いはどこにありますか？ →スーパーマーケットの中にあります。

洗手间(　　)(　　)(　　)？ → (　　)超市(　　)(　　)。

(5) 私達は今日西洋料理を食べましょう。 →いいですよ。

我们今天吃(　　)(　　)(　　)。 → (　　)(　　)。

校园里的生活

(6) あなたのかばんの中にはどんな物がありますか?→ 財布と携帯電話などがあります。

你包里有(　　　)(　　　)(　　　)(　　　)? → (　　　)一个钱包(qiánbāo)和一个手机什么的(shénmede)。

(7) あなたは来年どんなところへ留学しに行きますか? → 私は上海へ留学に行きます。

你明年去(　　　)(　　　)(　　　)(　　　)留学? → 我去(　　　)(　　　)留学。

(8) ご両親はどこで働いていますか? → 彼らは2人とも東京都内の銀行で働いています。

您父母(　　　)(　　　)(　　　)工作? → 他们都(　　　)东京都内(dūnèi)的(　　　)(　　　)工作。

(9) 私は図書館の左側の学生食堂で昼ご飯を食べます。一緒に行きましょう。

我在图书馆(　　　)(　　　)(　　　)的学生食堂吃午饭。一起去(　　　)。

(10) 李君、君は何を食べますか? → サラダを一皿、チャーハンを一人前注文します。

小李，你吃什么? → 我(　　　)(diǎn)一个色拉、一(　　　)(　　　)炒饭。

1 2 3 4 1 2 3 4 5 6 7 8 9 10 11 12 校园里的生活

第4課 練習問題

❶ 音声を聞きピンインを簡体字に書き換えましょう。

151

★練習用語彙表14「温度に関する形容詞」、15「味覚を表す形容詞」などから単語を探しましょう。

(1) 北京飯店の中国料理は非常においしい、でも値段もすごく高いです。

Běijīng fàndiàn de Zhōngguó cài fēicháng hǎochī, búguò(不过) jiàgé(价格)yě guìjíle!

(2) 今年の冬は暖かくて、あまり寒くありません。私たちはめったにコートを着ないです。

Jīnnián dōngtiān hěn nuǎnhuo, bútài(不太)lěng. Wǒmen hěn shǎo (很少)chuān(穿) dàyī.

(3) ここ数日、昼間は暑いけれど、夜は涼しいです。

Zhè jǐtiān báitiān rè, yèli liángkuài.

(4) 中国語はとても難しいですが、英語も容易ではありません。どちらもちょっと勉強しにくいです。

Hànyǔ hěn nán, Yīngyǔ yě bù róngyì, dōuyǒu diǎnr nán xué.

(5) 今日の天気はどうですか?→今日は天気があまり良くなく曇り空で，午後雨が少し降りました。

Jīntiān tiānqì zěnmeyàng? → Jīntiān tiānqì bú tài hǎo、yīntiān(阴天), xiàwǔ yǒu diǎnr yǔ.

(6) 今学期は授業が多くて、宿題も多くて、特別忙しいです。

Zhège xuéqī kè duō, zuòyè yě duō, tèbié máng.

(7) あの中華レストランの酢豚はすごくおいしくて、卵スープもかなりおいしいです。

Nàjiā Zhōngguó cāntīng de gŭlăoròu(咕咾肉)hăochījíle, jīdàntāng yě xiāngdāng(相当) hăohē.

---

(8) この棒棒鶏は塩辛くもなく、脂っこくもなく、味はすばらしいですよ。ただ少し高いです。

Zhège bàngbàngjī bù xián yě bù yóunì(油腻), wèidào(味道) hěn búcuò(不错). Zhĭshì yŏudiănr guì.

---

❷ 音声を聞き(　　　)に簡体字を一文字づつ書き入れて文を完成させましょう。

🔊152

★練習用語彙表9「継続する時間の言い方」、10「国と地名」などから単語を探しましょう。

(1) 東京からロンドンまで飛行機で(飛行機に乗ると) 十数時間かかります。

(　　)东京(　　)(　　)(　　)坐(zuò) 飞机(fēijī)要(　　)(　　)(　　)(　　)(　　)。

(2) パリはベルリンから近いですか? 列車で(列車に乗ると) どれくらいかかりますか?

(　　)(　　)(　　)柏林(Bólín)近吗?坐(zuò) 火车(huŏchē)(　　)(　　)(　　)时间(shíjiān) ?

(3) あなたの家は駅からどのくらい遠いですか? → 大体2kmぐらいです。

你家(　　)车站(chēzhàn)(　　)(　　)(　　)? → 大概(dàgài)(　　)两(　　)(　　)左右(zuŏyòu)。

(4) あなたの身長はどのくらいですか? → 私は1m72cmです。

你个子(gèzi)(　　)(　　)(　　)? → 我(　　)(　　)(　　)(　　)。

(5) あなたのご両親の健康状態はいかかですか？　→　おかげ様で、彼らは２人とも元気です。

您父母身体(　　)(　　)(　　)？　→　谢谢！他们(　　)(　　)(　　)。

(6) この種のサクランボは1kgいくらですか？　→　1kg二十六元です。

这种樱桃一(　　)(　　)(　　)(　　)(　　)？　→　一(　　)(　　)二十六(　　)。

(7) 新しく来たあの人はどうですか？　→　彼は勉強ぶりが真面目で、勤勉で、人にとても親切です。

新来的那个人(　　)(　　)(　　)？　→　他(　　)(　　)(　　)(　　)勤奋，对人也很(　　)(　　)。

(8) 香港はソウルから遠いですか？　→　あまり遠くありません。飛行機で3時間半です。

(　　)(　　)离(　　)(　　)(　　)吗?　→　不(　　)远。(　　)飞机要三个半(　　)(　　)。

3 日本語の意味になるように(　　)に簡体字を一字づつ書き入れて文を完成させましょう。その後、音声に続いて発音をしながら答え合わせをしましょう。第1課からの総復習を兼ねます。

153

(1) 初めまして、よろしくお願いいたします。

(　　)(　　)见(　　)，请(　　)(　　)(　　)(　　)。

(2) 私は王海と言います。お知り合いになれてうれしいです。

(　　)(　　)王海，(　　)(　　)你，很(　　)(　　)。

(3) 店員さん、北京ダック１つと小籠包を３人前ください。

服务员(Fúwùyuán)，来一(　　)北京烤鸭(　　)(　　)(　　)(　　)小笼包。

(4) 私が買ったのはこの赤いスカートで、あなたのはあの白いのです。

我(　　)(　　)是(　　)(　　)红(　　)(　　)，你(　　)是那条(　　)(　　)(　　)。

(5) あのバナナ３本とこのリンゴ２個、あわせていくらですか？

(　　)(　　)(　　)香蕉和(　　)(　　)(　　)苹果，一共(yígòng)

(　　)(　　)(　　)？

(6) 今、李先生は事務室で仕事をしていて、教室にはいません。

(　　)(　　)李老师(　　)办公室工作，(　　)(　　)教室。

(7) 成田空港からニューヨークの空港まで、飛行機で17時間ぐらいかかります。

(　　)成田机场(　　)纽约机场，(　　)(　　)(　　)大约(dàyuē)要

十七个(　　)(　　)。

(8) あなたは今年いくつですか？（40歳までの見当で質問する）→ 私は今年18歳です。

你(　　)(　　)(　　)(　　)了？ → 我(　　)(　　)十八

(　　)了。

(9) 私の家は大学からちょっと遠いです。歩いて20分以上かかります。

我家(　　)大学(　　)(　　)(　　)远。走路(zǒulù)要(　　)

(　　)(　　)(　　)钟。

(10) 最近私は勉強で少し忙しいです。毎晩私は２時間かけて宿題をします。

最近我(　　)(　　)有点儿(　　)，每天晚上都花(huā)两个小时写

(　　)(　　)。

(11) あなたの弟は今何歳ですか？（10歳までの見当で質問する）→ 彼は今年５歳です。

你(　　)(　　)现在(　　)(　　)了？ → 他现在(　　)(　　)

(　　)。

(12) 北京は市内の交通が便利で、生活もとても便利です。

(　　)(　　)市内(　　)(　　)便利(biànli)，生活(shēnghuó)(　　)

非常(　　)(　　)(fāngbiàn)。

第5課 練習問題

1 音声を聞きピンインを簡体字に書き換えましょう。

154

(1) 私の兄は日曜日ごとに公園へ行ってテニスをします。あなたのお兄さんは?

Wǒ gēge měige xīngqīrì dōu qù gōngyuán dǎ wǎngqiú. Nǐ gēge ne?

(2) 母は毎週車を運転して、ショッピングモールへ買い物に行きます。

Māma měizhōu dōu kāi//chē qù shāngchǎng mǎi dōngxi.

(3) 李くんは山登りに行く時に正午に山から降りてくると言ったのに、なぜまだ帰ってこないの?

Xiǎo Lǐ qù pá//shān de shíhou shuō zhōngwǔ cóng shānshang xiàlai, wèi shénme hái méi huílai?

(4) (父方の) おじいさんはどの病院へ診察を受けに行ったのですか?明日は私も一緒に行きましょう。

Yéye shì qù nǎge yīyuàn kàn//bìng de? Míngtiān wǒ yě gēn tā yìqǐ qù ba.

(5) お姉さんは以前どこで働いていたのですか?その職場は今の職場からは遠いのですか?

Jiějie yǐqián shì zài nǎr gōngzuò de? Nàge dānwèi(单位) lí xiànzài de yuǎn ma?

(6) あなたはいつ頃中国に住んでいたのですか?日本に何年に帰ってきたのですか?

Nǐ shì shénme shíhou zhùzài Zhōngguó de? Nǐ shì nǎnián huí Rìběn lái de?

(7) こんなに高価な大型車を誰が買ったのですか?いったいその車をどう使うのですか?

Zhème guì de dàxíng chē, shì shéi mǎi de? Dàodǐ(到底)zěnme yòng zhèliàng chē?

---

(8) 子供達、はやく降りてきなさい。一階の部屋で一緒に勉強をしましょう。

Háizimen, kuài xià lóu lái! Zài yī lóu de fángjiān(房间)yìqǐ xuéxí ba.

---

2 音声を聞き(　　　)に簡体字を一文字づつ書き入れて文を完成させましょう。

155

(1) 最近彼はどうやって通勤していますか? → 彼はよく自転車で通勤し、バイクには乗りません。

最近他(　　)(　　)上下班? → 他常(　　)(　　)(　　)(　　)上下班,(　　)(　　)摩托车。

(2) 今日はどうやって博物館に行きますか? → 私はタクシーでは行かず、自分で運転をして行きます。

今天(　　)(　　)(　　)博物馆? → 我(　　)打车(　　),自己(　　)(　　)(　　)。

(3) あなたはどうしてエレベーターで上がっていかないの? → 体を鍛えるためです。

你(　　)(　　)(　　)(　　)电梯(　　)(　　)? → 这是为了(　　)(　　)(　　)(　　)。

補充 "为了(weile)～"「～という目的の為に」目的を表す形式は単語、フレーズ、主述句全て使える。

(4) あなたは誰と一緒にディズニーランドに行ったのですか? → 姉と一緒に行ったのです。

你是(　　)谁(　　)(　　)去(　　)迪斯尼乐园(Dísīnílèyuán)

→ 我是(　　)(　　)(　　)(　　)(　　)去的。

(5) あなたはいつ中国語を勉強し始めたのですか?→私は4月から勉強し始めたのです。

你是(　　)(　　)(　　)(　　)开始学汉语(　　)?　→　我是

(　　)四月(　　)开始(　　)(　　)。

(6) 今日私は歩いて大学に来たのではなく、自転車に乗って大学に来たのです。

今天我(　　)(　　)走(　　)来大学(　　),(　　)骑(　　)

(　　)(　　)来大学(　　)。

(7)「天婦羅は中国語でどう言いますか?　→　中国語では“天妇罗”といいます。

「天婦羅」(　　)汉语(　　)(　　)说?→　(　　)(　　)叫做“天妇罗(tiānfùluó)”。

補充 「これは〜と言います」=“这叫〜”と「中国語では〜と言います」では動詞の使い方が異なる。

(8) あなたはどうして一昨日授業を受けに来なかったのですか?　→　風邪をひいて熱が出たからです。

你前天(　　)(　　)(　　)来上课?　→　因为(yīnwèi)我感冒(gǎnmào)

(　　)(　　)了。

3 日本語の意味になるように(　　)に簡体字を一文字づつ書き入れて文を完成させましょう。その後、音声に続いて発音しながら答え合わせをしましょう。(音声は正解の一例です。)

156

(1) 妹は階上からあたふたと駆け降りて、かばんを持つと(=手に取ると)学校へ行きました。

妹妹从楼(　　)急匆匆(jícōngcōng)跑(　　)(　　),(　　)(　　)

书包上学校去了。

(2) 私もあなたと一緒に4階の西洋レストランに歩いて上がり、昼ご飯を食べます。

我(　　)(　　)你(　　)(　　)(　　)(　　)四楼的西餐厅去

(　　)(　　)(　　)。

(3) 木の上に一群の可愛らしい小鳥が飛んできました。

树(　　)(　　)(　　)了一群(qún)可爱(　　)小鸟。

(4) 父は先週中国から北京の特産物の七宝焼を２つ買って帰ってきました。

爸爸(　　　)(　　　)(　　　)从(　　　)(　　　)买(　　　)(　　　)了两个北京的特产(tèchǎn)-景泰蓝(jǐngtàilán)。

(5) 昨日クラスメイトから借りてきた中日辞典を今日持ってくるのを忘れてしまいました。

昨天(　　　)同学(　　　)(　　　)借(　　　)的中日词典，今天忘了(wàngle)带(　　　)(　　　)了。

補充 "～过来/～过去"は、移動する距離がかなり遠い印象を表す。

(6) 今日は疲れ果てました。家に帰るとすぐソファに横になり、テレビドラマを見始めました。

今天累(　　　)(　　　)。(　　　)(　　　)家就躺在沙发(　　　)，看(　　　)电视剧(　　　)了。

補充 "～坏了(huài le)"～が原因で正常な状態が損なわれる。"摔坏了""气坏了""弄坏了"

(7) 彼(ら)の学部の図書館は30人しか座れない。早めに行かないと、席がなくなる。

他们系(xì)的图书馆(　　　)(　　　)(　　　)(　　　)三十个人。不早(　　　)(　　　)去，就(　　　)(　　　)座位(　　　)。

(8) 9時3分前に彼女は急いで(jíjímángmángdi) 教室に駆け込んで来ました。

差(　　　)(　　　)九(　　　)，她急急忙忙地(　　　)(　　　)教室(　　　)了。

(9) あなたはどこで会議に出たのですか？ → 私はロシアのモスクワで会議に出たのです。

你(　　　)(　　　)(　　　)(　　　)开的会? → 我(　　　)(　　　)(　　　)(　　　)莫斯科(　　　)(　　　)会。

第6課 練習問題

1 簡体字をピンインに書き換えましょう。その後ピンインだけを見て発音しましょう。

157

（1）私は人を迎えに来ていてもう2時間待っています。何か事故がありましたか？

我来接人，已经等了两个小时了，出了什么事故(shìgù)吗？

（2）2階から聞いたことのある歌が聞こえてきました。誰が歌っているのですか？

二楼上传来了听过的歌曲，是谁唱的这首歌?

（3）外は大雨が降っているのに、迎えの車がまだ来ません。どうしましょう？

外面下着大雨，接我的车还没到，怎么办？

（4）あそこにたくさん雑誌が置いてあります。雑誌を見ながらコーヒーを飲みましょうよ。

那儿放着很多杂志(zázhì)。我们一边看杂志一边喝咖啡。

（5）あの小説はとても人気があるそうです。本屋さんにはもうありません。

听说那本小说很受欢迎(shòu huānyíng)，书店里已经没有了。

（6）叔父は東京の大学を卒業したあと、北京へ行って数十年住んでいます。

我叔叔在东京大学毕业后，去北京住了几十年了。

(7) ビルからたくさんの人が駆け出してきました。何か事件があったようです。

大楼里跑出来了很多人，好像发生了什么事件似的。

(8) 2年間おばあさんに会っていなかったので、子供たちは喜んで彼女の部屋に駆け込んで行きました。

两年没见奶奶了，孙子们高兴地跑进她的房间去了。

補充 "(期間) + 不V(了) / 没V了"Vしなかった期間を表す文型。

2 音声を聞き(　　)に簡体字を一文字づつ書き入れて文を完成させましょう。

158

(1) 私は今日の午後車を運転して友達を送って行きました。空港から帰ってきたばかりです。

我今天(　　)(　　)开车去(　　)(　　)(　　)了。我(　　)从(　　)(　　)(　　)来。

(2) 速くスクリーンのニュースを見てください。上海からの飛行機は到着しました。

(　　)看屏幕上(　　)(　　)(　　)。(　　)上海来(　　)(　　)(　　)到了。

(3) お久しぶりです。あなた達は何を忙しくしているのですか。

(　　)(　　)(　　)(　　)。你们(　　)忙(　　)(　　)呢?

(4) あなたはどうして駅にいるのですか? → 私はアメリカの友人を見送ったところです。

你(　　)(　　)(　　)在车站? → 我(　　)(　　)(　　)(　　)美国朋友。

(5) 学生達は中国語を勉強してどのくらい経っていますか？ → 4か月余り中国語を勉強しています。

学生们(　　　)(　　　)(　　　)(　　　)时间汉语了?

→ (　　　)(　　　)4(　　　)多(　　　)汉语了。

(6) 雨が降ってきた！私は傘を持っていないけれど、どうやって家に帰ればいいだろう?

(　　　)(　　　)(　　　)！我没(　　　)(　　　)(　　　)，(　　　)

(　　　)回家才好(cái hǎo)呢?

(7) 昨日の正午、私達が彼を訪ねた時、彼はちょうど宿題をしているところでしたよ。

昨天(　　　)(　　　)我们(　　　)他的时候，他(　　　)(　　　)写(　　　)

(　　　)(　　　)。

(8)（父方の）祖母はかつて京劇を歌ったことがありますが、今は歌うのをやめました。

(　　　)(　　　)曾经(　　　)(　　　)京剧(jīngjù)，(　　　)(　　　)不唱(　　　)。

❸ 日本語の意味になるように(　　　)に簡体字を一文字づつ書き入れて文を完成させましょう。その後、音声に続いて発音しながら答え合わせをしましょう。(音声は正解の一例です。)

159

(1) 李さん、ホールから伝わって来た曲はとても美しいです。あなたは前に聞いたことがありますか?

小李，(　　　)大厅(　　　)(　　　)(　　　)乐曲很好听，你以前(　　　)

(　　　)(　　　)有?

(2) この映画は確かに面白い。映画館には今日もたくさんの熱心な観客が来ている。

这部电影确实(　　　)(　　　)(　　　)(　　　)。电影院(　　　)今天(　　　)

来(　　　)不少(　　　)(　　　)的观众(guānzhòng)。

(3)（母方の）祖父は朝ご飯を食べながらテレビのニュースを見ます。

姥爷一(　　　)(　　　)(　　　)着(　　　)(　　　)，一(　　　)(　　　)

(　　　)着电视新闻。

(4) 雪は6時間降り続いています。路面にはもうすっかり氷が張りました。

雪(　　　)(　　　)(　　　)(　　　)(　　　)(　　　)了。路面已经结(　　　)(jié//bīng)。

(5) 部屋の南側の壁に1枚世界的に有名な絵が1枚掛けてあります。

房间(　　　)(　　　)儿的(　　　)(　　　)挂(　　　)一幅(fú)世界名画。

(6) 弟はサッカーをして疲れきっています。今はまだベッドで横になっていますよ。

弟弟踢足球(tī zúqiú)(　　　)(　　　)了。现在(　　　)(　　　)床(　　　)躺(　　　)呢。

(7) 日曜日姉はよくコーヒーを飲みながら小説を読んでいます。

星期日，姐姐(　　　)(　　　)(　　　)着(　　　)(　　　)看着小说。

第7課 練習問題

❶ 音声を聞き（　　　）に簡体字を一文字づつ書き入れて文を完成させましょう。

🔊160

(1) 今年の夏休みはどこへ旅行に行くつもりですか?→　私は北海道へ行くつもりです。

今年（　　　）（　　　）你（　　　）（　　　）去哪儿旅游?　→　我（　　　）

（　　　）去北海道。

(2) あなたはフランスにフランス語を勉強しに行きたいですか？　→　私は行きたくないです。

你要去（　　　）（　　　）学（　　　）（　　　）吗?　→　我（　　　）（　　　）去。

(3) 卒業後あなたはどんな仕事をしたいですか？　→　私は公務員になりたいです。

毕业(bìyè)后你（　　　）做（　　　）（　　　）（　　　）（　　　）？　→　我

（　　　）当(dāng)一名公务员。

(4) 明日、大学へ行かなければなりませんか？　→　行かなくていいです。「海の日」という休日 です。

明天（　　　）（　　　）大学吗?　→　（　　　）（　　　）（　　　），明天是（　　　）

"大海节"(Dàhǎijié)的节日(jiérì)。

(5) あなたはテニスができますか？　→　少しできます、まだもっと練習したいです。

你（　　　）网球吗?　→　会（　　　）（　　　）（　　　），还（　　　）（　　　）练习。

(6) あなたはどのくらい泳ぐことができますか？　→　約1km500mです。

你（　　　）游（　　　）远?　→　大约一（　　　）五百（　　　）。

(7) 私はここに座ってもいいですか？　→　いいですよ。どうぞお座りください。

我（　　　）（　　　）（　　　）在这儿吗?　→　（　　　）（　　　）。您（　　　）

坐（　　　）。

(8) おまわりさん、ここにちょっと停車してもいいですか?

警察（　　　）（　　　），我可以（　　　）这儿停（　　　）（　　　）车？

(9) この参考書はとても役にたちます。読んだことがありますか？

这本参考书(cānkǎoshū)很(　　)(　　)。你看(　　)(　　)(　　)？

(10) この博物館の中で写真を撮ってもいいですか？ → すみません。だめです。

在这个博物馆里(　　)(　　)(　　)(　　)吗? → (　　)(　　)

(　　)，不行。

2 ピンインを簡体字に書き換えましょう。その後、音声に続いて発音練習をしましょう。

161

(1) 彼は3年前に運転免許証を取得しました。でも今日はお酒を飲んだので運転できません。

Tā zài sānniánqián qǔdéle jiàshǐzhèng(驾驶证). Búguò(不过) jīntiān hēle jiǔ, bù néng kāi//chē le.

---

(2) 赤ちゃんが1歳半を過ぎてやっと歩けました。家族はとても喜んでいます。

Xiǎobǎobǎo(小宝宝) guòle yísuìbàn cái(才) huì zǒu. Jiārén dōu fēicháng gāoxìng.

補充 "才"は語気助詞"了"とは一緒に使わない。口語では"呢"と使うことが多い。

(3) 弟は半年間ベッドから起き上がれなかったけれど，最近やっと立ち上がれるようになりました。

Dìdi bànnián zài chuángshang bù néng zuòqǐlai, zuìjìn cái néng zhànqǐlai le.

---

(4) お母さんは1年半入院(住院) しました。最近ついに自分で歩いて退院できました。

Māma zhùle yìniánbàn de yuàn. Zuìjìn zhōngyú(终于) néng zìjǐ zǒuzhe chū//yuàn(出院) le.

---

(5) 李君は以前烏龍茶が好きだった。でも今はジャスミン茶以外、他のお茶は飲まない。

Xiǎo Lǐ yǐqián xǐhuanguo wūlóngchá. Búguò xiànzài chúle mòlìhuāchá(茉莉花茶) yǐwài, bù hē biéde chá.

補充 "除了~（以外）"(~を除いて、~以外は)

(6) 彼女は泳げるようになったばかりで、まだ100メートルは泳げない。

Tā gānggāng (刚刚) xuéhuì yóu//yǒng, hái bù néng yóu yìbǎi mǐ.

補充 "刚" "刚刚" 共に「~したばかり」を表す。後者は前者より「経過時間が短いこと」を表す。

(7) 次のサッカーの試合へすすんで出場する気ですか?相手は去年の優勝チームじゃないのですか?
Xiàcì tīqiú bǐsài, nǐ yuànyì cānjiā ma? Duìshǒu(对手) shì qùnián de guànjūnduì(冠军队), shìbushì?

---

3 日本語の意味になるように(　　)に簡体字を一文字づつ書き入れて文を完成させましょう。その後、音声に続いて発音しながら答え合わせをしましょう。(音声は正解の一例です。)

162

(1) 彼が日本に留学しに来て、もう3年になります。彼はとても両親が恋しいです。

他(　　)日本留学(　　)(　　)(　　)(　　)了。他(　　)(　　)父母。

(2) 私は突然思い出しました。あの方は私の小学校時代の先生です。

我突然(tūrán)(　　)(　　)(　　)(　　)。那(　　)先生是我的小学(　　)(　　)。

(3) 私はもう一度彼と話をしようと思うのですが, あなたはどう思いますか?

我想再(　　)他(　　)一次, 你(　　)(　　)(　　)(　　)(　　)?

補充 "谈"は複数の人が話し合う場面で使う。したがっていつも複数の話し手を主語にする。

(4) 私は彼の考え方は正しくて、間違いないと思います。

我(　　　)(　　　)他的想法(xiǎngfǎ)是(　　　)的，没有(　　　)。

補充 "对"と"错"は反義語であるが否定形が異なる。"错"の否定形は"没错"。
"对不对？"(あっていますか？)は反復疑問文だが、"不错"は(素晴らしい)の意味になる。

(5) お手数をおかけしますが、トランクを私の代わりに持ってくださいませんか？

(　　　)(　　　)您，(　　　)(　　　)(　　　)帮我(　　　)(　　　)(　　　)行李？

(6) すみません、天安門へはどうやって行くのか、教えていただけませんか？

女士(nǚshì：女性への敬称)，您(　　　)(　　　)(　　　)告诉我们，去天安门(　　　)(　　　)走？

(7) すみません、私はあなたのボールペンをちょっとお借りしてもいいですか？

对不起，我(　　　)(　　　)(　　　)(　　　)借用(　　　)(　　　)您的圆珠笔？

(8) こんにちは、私達の家族写真を2枚撮っていただけませんか？

您好！您(　　　)(　　　)我们全家(　　　)(　　　)张(　　　)吗？

(9) 私は必ず中国語をマスターすることが出来ると思います。

我(　　　)(　　　)我(　　　)(　　　)(　　　)学好汉语(　　　)。

第8課 練習問題

❶ 音声を聞きピンインを簡体字に書き換えましょう。

163

（注：出題範囲は2と重なります）

（1）靴下はみつかりましたか？この部屋は綺麗に掃除がしてあるので、間違いなく見つかります。

Wàzi zhǎodàole méiyǒu? Zhège fángjiān dǎsǎode gānganjìngjìng de, kěndìng huì zhǎodào.

（2）コロナを防ぐために、私はハンカチとマスクを毎日洗って清潔にしています。

Wèile yùfáng（预防）yìqíng（疫情）, wǒ měitiān dōu xǐ shǒupà hé kǒuzhào（口罩）xǐde hěn gānjìng.

（3）先生のご支援に大変感謝しています、どの問題にも正確に解説して下さいました。

Fēicháng gǎnxiè lǎoshī de bāngzhù, nín duì nǎ gè wèntí dōu jiěshìde hěn zhǔnquè.

（4）あの書類の数字を私が書き間違えるはずがありません。きっとあなたが見間違えたのでしょう。

Nàfèn wénjiànlǐ（文件）de shùzì, wǒ búhuì xiěcuò de. Yídìng shì nǐ kàncuò le ba.

（5）彼女は歌がとても上手ですが、将来歌手になる為にはやはりもっと練習せねばなりません。

Tā chàng gēr chàngde tèbié hǎo. Kěshì（可是）wèile jiānglái dāng gēshǒu háishi děi gèng nǔlì de liànxí.

（6）今日彼を見かけましたか？私は彼に会いたいので、見つけたら私に一声知らせてください。

Jīntiān nǐmen kànjiànle tā ma? Wǒ xiǎng gēn tā jiàn//miàn, kàndàole tā, qǐng gàosu wǒ yīshēng.

補充 教育現場ではない日常生活での「教える、知らせる」は普通“教”ではなく“告诉”です。

2 音声を聞き（　　）に簡体字を一文字づつ書き入れて文を完成させましょう。

164

(1) こんなにたくさんの美味しい料理をあなた１人で食べられますか？ → 私は食べられません。

这么多（　　）（　　）的菜，你一个人（　　）（　　）（　　）吃不了？

→ 我（　　）（　　）（　　）。

(2) あの洗濯機は重すぎます。一人ではどう動かそうにも動かせない。

那（　　）洗衣机（xǐyījī）（　　）重（　　），一个人（　　）（　　）搬也搬（　　）动。

(3) 今日は宿題が多くて私は１時間もやっています。でもあと１時間でやり終えられるはずです。

今天作业很多，我（　　）做了一个小时（　　）。不过（　　）做一个小时，（　　）（　　）能（　　）（　　）。

(4) あのコートはとってもきれいですね！ ただ値段が高すぎて、私は買えません。

那（　　）大衣好漂亮啊！ 可价格（jiàgé）（　　）（　　）（　　）。

我（　　）（　　）（　　）。

補充 “～不起”経費が高すぎてしたいことができないの意味。“上不起大学”（学費が高い）

補充 感嘆文をつくる副詞は“好～！”“多（么）～！”など。程度副詞“很”は感嘆の語気を表せない。

(5) 東京大学に合格した知らせを聞いて、兄は嬉しくてたまりません。

（　　）（　　）考上东京大学的（　　）（　　），哥哥高兴得（　　）（　　）（　　）。

補充 “～不得了 bùdeliǎo”“～要命 yàomìng”「～しすぎてたまらない」は形容詞の“～得”型に付く程度表現で極限を表す“～极了”よりも感情がこもり慨嘆する表現になる。

(6) 今夜の空の星が明るくて、大きくて、数えようにもはっきり数えられません。

今晚(　　　)(　　　)(　　　)星星又(　　　)又(　　　)，数(shǔ)也(　　　)(　　　)清楚。

(7) 今コロナが厳しい状況で、マスクをしっかり付けなければなりません。

现在疫情(　　　)(　　　)(yánzhòng)，我们得(　　　)(　　　)口罩。

❸ 日本語の意味になるように(　　　)に簡体字を一文字づつ書き入れて文を完成させましょう。その後、音声に続いて発音しながら答え合わせをしましょう。(音声は正解の一例です。)

165

(1) この数年間、故郷はとても速く発展しています。人々の生活は豊かになってきています。

这些年家乡发展(fāzhǎn)(　　　)(　　　)(　　　)。人民生活富裕(fùyù)(　　　)(　　　)(　　　)。

(2) 発車までまだ3時間半もあります。喫茶店へ行ってゆっくり休みましょう。

(　　　)开车(　　　)剩(shèng)三(　　　)(　　　)小时。我们去咖啡馆(　　　)(　　　)(　　　)休息(　　　)(　　　)(　　　)。

(3) お母さんは非常にきれい好きです。家はいつもきれいに掃除されています。

妈妈很爱(ài)(　　　)(　　　)。家里总是打扫得(　　　)(　　　)(　　　)(　　　)的。

(4) 私は早く本屋に行かなければならない、あのベストセラー本が買えないことが心配だからです。

我(　　　)早(　　　)(　　　)去书店，因为(yīnwèi)我担心(　　　)(　　　)(　　　)那本畅销(chàngxiāo)书。

補充 "因为"を後句に置くと「前句の事態は後句が原因だ」という意味になる。
"担心"は後ろに「心配事」「よくない出来事」を表す単語、フレーズ、主述句が来る。

1 2 3 4 1 2 3 4 5 6 7 8 9 10 11 12 在留学班的告别会上

(5) あなた達は真剣に勉強せねばなりません、時間を無駄にしてはいけません。

你们(　　)(　　)(　　)(　　)(　　)(　　)学习,(　　)(　　)
白白地(báibáidi)浪费(làngfèi)(　　)(　　)。

(6) 父の書斎にたくさんの面白い本があります。私は全部読みたいが、読み終えられません。

爸爸书房里有好多(　　)(　　)(　　)(　　)书，我想(　　)
(　　)(　　)(　　)，但看也(　　)(　　)(　　)。

(7) 最近ずっと仕事のことが心配で、夜よく寝付けません。

最近(　　)(　　)担心工作上的(　　)(　　),晚上常(　　)(　　)
(　　)(shuìbuzháo)。

(8) クリスマスの夜は食卓にいっぱいのおいしい料理が並び、部屋の中も美しく飾り立てられる。

圣诞节的晚上,饭桌(　　)摆(　　)了好吃的菜,房间(　　)也布置(bùzhì)
得(　　)(　　)(　　)(　　)(　　)(　　)。

(9) この夏休みの間、子供達は毎日遊んで思いきり楽しんだ。

(　　)(　　)暑假，孩子们每天玩儿得(　　)(　　)(　　)(　　)
(　　)。

(10) 空調が突然効かなくなり寒くてたまらない。皆さんいいアイデアはありませんか？

空调突然坏了(huàile)，冷得(　　)(　　)！大家有(　　)(　　)好主意
(　　)？

(11) 李君は昨晩遅くまでテレビを見ていたので、今朝は眠くてたまらない。

小李昨晚看电视看(　　)(　　)(　　)(hěn wǎn)，今天早上(　　)
(　　)(kùnde)(　　)(　　)(　　)(　　)(bùdéliǎo)。

(12) 張君はバスケットボールの試合中に転んで怪我をした。しばらく休まざるを得ない。

小张在篮球(　　)(　　)(　　)摔(　　)(shuāidǎo)受(　　)
(shòu//shāng)了。他不(　　)(　　)休息(　　)(　　)(　　)(　　)(　　)。

1
2
3
4
1
2
3
4
5
6
7
8
9
10
11
12
诊疗室

第9課練習問題

1 音声を聞き、聞き取った語句の簡体字とピンインを書きましょう。
簡体字は（　　　）に、ピンインは……に書くこと。

166

(1) 彼氏は彼女に苺のホールショートケーキを誕生日プレゼントにしました。

男朋友（　　　　　）了她一个奶油（　　　　　）生日（　　　　　）。

ピンイン ……………… ……………… ………………

(2) 周先生は私達に中国語会話を教えます、大瀧先生は彼らに中国語文法を教えます。

周老师教我们（　　　　　），大泷老师教我们（　　　　　）。

ピンイン ……………… ………………

(3) 学生達は借りてきた本と雑誌を既定の期間内に図書館に返却しなければなりません。

学生们（　　　　）按时(ànshí)（　　　　）借来的书和杂志（　　　　）图书馆。

ピンイン ……………… ……………… ………………

(4) このズボンは二百八十元です。あなたは三百元くださったので、あなたに二十元のおつりを出します。

这条裤子280块。您（　　　　　）我300块。（　　　　　）20块。

ピンイン ……………… ………………

(5) 彼は昨日母に東京大学に合格したことを知らせました。

他昨天就（　　　　　）他（　　　　）东京大学的喜讯(xǐxùn)了。

ピンイン ……………… ………………

(6) 先生、私は先生にいくつかの問題をお尋ねしてもかまいませんか？

老师，我可不可以（　　　　　）您（　　　　）问题?

ピンイン ……………… ………………

❷ ピンインを簡体字に書き換えましょう。その後、音声に続いて発音練習をしましょう。

167

（1）誰が彼の電話番号を彼女に知らせたのですか？そういう人はとても人を不愉快にします。

Shì shéi gàosu tā tā de diànhuà hàomǎ de? Zhèyàng de rén zhēn ràng rén bù yúkuài.

（2）数十年前は、大学卒業後すぐに教職についたのなら奨学金を返還しなくてもよかった。

Zài jǐshíniánqián, dàxué bìyè hòu mǎshàng jiù dāng lǎoshī dehuà, kěyǐ bù huán jiǎngxuéjīn.

（3）陶先生に何度も中国語文法を質問したことがあったが、毎回はっきり説明してくれました。

Wǒ qǐngjiàoguo Táo lǎoshī Hànyǔ yǔfǎ hǎojǐcì, tā měicì dōu gěi wǒ jiěshìde fēicháng qīngchu.

（4）大学院生が歓送会を開く予定だ。学部生は彼らに教室内のあらゆる机や椅子を貸し出してあげた。

Yánjiūshēng yào kāi huānsònghuì le. Běnkēshēng jiègěi tāmen jiàoshìlǐ de suǒyǒude zhuōzi hé yǐzi.

（5）クリスマス毎に祖父母は孫たちへ贈り物をしていた。

孫達はそれらの贈り物を祖父母の記念品として保存してきている。

Měicì shèngdànjié zǔfùmǔ dōu sòng sūnzimen yìxiē lǐwù（礼物）, sūnzimen bǎ zhèxiē lǐwù zuòwéi jìniànpǐn bǎocúnle xiàlai.

❸ 日本語の意味になるように（　　　）に簡体字を一文字づつ書き入れて文を完成させましょう。その後、音声に続いて発音しながら答え合わせをしましょう。（音声は正解の一例です。）

168

1 2 3 4 1 2 3 4 5 6 7 8 9 10 11 12 诊疗室

(1) 体温計を腋の下に挟んで、ちょっと測ってください。

请（　　　）体温计（tǐwēnjì）（　　　）（jiá）（　　　）腋下（yèxià），（　　　）一（　　　）体温吧。

(2) どうかもう少し考えて(kǎolǜ)、これらの日本語の文を中国語に訳していただけないでしょうか?

（　　　）再考虑（　　　）（　　　），（　　　）不（　　　）（　　　）这些（　　　）（　　　）句子翻译（fānyì）成（　　　）（　　　）？

補充 "～成X" "～为X" "～做X"：「Xに変化させる」「Xという資格を与える」「Xとみなす」など。

(3) 私はもう一度試してみましたが、やはり本文会話をしっかりと暗記してきていません。

我又试（　　　）试，还是（　　　）（　　　）课文会话（　　　）（　　　）（　　　）背（bèi）下来。

(4) 私は携帯電話を机の上に置いて、持ってくるのを忘れました。

我（　　　）（　　　）（　　　）放（　　　）桌子（　　　），忘了（　　　）（　　　）。

(5) 午後雨が降りそうです。傘を持っていく(身に着ける) のを忘れないように。

下午好像（　　　）下雨，别（　　　）（　　　）（　　　）雨伞（　　　）（　　　）。

(6) 弟は台所で一皿の餃子を全部食べてしまった。

弟弟在厨房里（　　　）一（　　　）饺子全都（　　　）（　　　）。

(7) あの数冊の本も本棚に置いてください。

请（　　　）（　　　）（　　　）（　　　）书也（　　　）（　　　）书架上吧。

(8) お手数ですが、あの黒色の皮靴を私に見せてください。

麻烦您，请（　　　）那（　　　）黑色（　　　）皮鞋（　　　）我看看吧。

❹ 音声を聞き、聞き取った単語の簡体字とピンインを書きましょう。簡体字は（　　）に、ピンインは＿＿に書くこと。

169

(1) 朝起きてから私はまず歯を磨き、顔を洗って、髪をとかして、それから朝ご飯を食べます。

早上起床后，我先（　　　　）牙，（　　　　）脸，（　　　　）头，然后再吃早饭。

ピンイン ＿＿＿＿　＿＿＿＿　＿＿＿＿

(2) 夕食後、私はよくお母さんと一緒に近くの公園にちょっと散歩をしに行きます。

晚饭后，我常和妈妈一起去附近的公园（　　　　）。

ピンイン ＿＿＿＿

(3) 日曜日毎に私は水泳教室に行って、ちょっと水泳をします。

每个星期日我都去游泳学习班（　　　　）。

ピンイン ＿＿＿＿

(4) 母が病院へ行き診察を受けるのに付き添いました。母は薬を服用し、今は高熱がひきました。

我陪妈妈去医院（　　　　）。妈妈吃了药，现在不（　　　　）了。

ピンイン ＿＿＿＿　＿＿＿＿

(5) すみません、ちょっと手を貸していただけませんか、私達に何枚か集合写真を撮影してくださいませんか。

劳驾，请您（　　　　），（　　　　）照几张相吧。

ピンイン ＿＿＿＿　＿＿＿＿

(6) 私は夜家に帰って、まず風呂に入ってから、夕食を食べます。

晚上回家，我先（　　　　）、再吃晚饭。

ピンイン ＿＿＿＿

補充 離合詞はバラエティに富んだ用法をもち、間に"个"を挿入すると「軽く～する」というニュアンスが強められる。

第10課 練習問題

1 音声を聞き、聞き取った語句の簡体字とピンインを書きましょう。
簡体字は（　　　）に、ピンインは＿＿＿に書くこと。

170

(1) 私の自転車は妹に大学まで乗って行かれました。

我的自行车（　　　　　）妹妹（　　　　　）大学去了。

ピンイン ＿＿＿＿＿＿　＿＿＿＿＿＿

(2) 私の携帯電話が見つかりません。 → 誰かに持っていかれたのかもしれません。

我的手机（　　　　　）了。 → 恐怕被人（　　　　　）了。

ピンイン ＿＿＿＿＿＿　＿＿＿＿＿＿

(3) 弟は今回試験の成績が良くないので、お母さんにひとしきり叱られました。

弟弟这次考试成绩不好。（　　　　　）妈妈（　　　　　）。

ピンイン ＿＿＿＿＿＿　＿＿＿＿＿＿

(4) 今日は雨降りだから、傘を持たないで出かけると、服が雨でびしょ濡れになりますよ。

今天有雨，不带伞，衣服（　　　　　）雨淋湿（　　　）。

ピンイン ＿＿＿＿＿＿　＿＿＿＿

(5) 姉がオリンピックの代表に選ばれて、彼女のことで私達は本当に嬉しいです。

姐姐（　　　　　）奥林匹克代表（Àolínpǐkè），我们真（　　　　　）高兴。

ピンイン ＿＿＿＿＿＿　＿＿＿＿＿＿

(6) 李さんは張君に明日家に来て仕事をちょっと手伝うようにと言いました。

老李（　　　　　）小张明天（　　　　　）帮助她（　　　　　）。

ピンイン ＿＿＿＿＿＿　＿＿＿＿＿＿　＿＿＿＿＿＿

補充 "让"には「～するように言う」という、言葉で使役を表わす用法があります。

(7) 先生は私たちに来週の授業で第十課の本文会話を暗誦するように言いました。

老师（　　　　　）下星期上课时（　　　　　）第10课的课文会话。

ピンイン ＿＿＿＿＿＿　＿＿＿＿＿＿

(8) あなたの中国語の発音は流暢で、しかも正確だそうですね。本当に羨ましいことです。

听说你的汉语发音又流利(　　　　　　)，真(　　　　　　　　)！

ピンイン ……………………　……………………

(9) 試験が終わったでしょう？　明日私はあなたを中国映画に招待しますが、いかがでしょうか？

(　　　　　)吧。明天，我(　　　　　)中国电影，好吗?

ピンイン ……………………　……………………

(10) お父さんは私をイギリスに留学させないが、大学院試験を受けさせます。

爸爸(　　　　　)去英国留学，但(　　　　　　)大学研究生院。

ピンイン ……………………　……………………

2 **日本語の意味になるように(　　　　)に簡体字を一文字づつ書き入れて文章を完成させましょう。その後、音声に続いて発音しながら答え合わせをしましょう。(音声は正解の一例です。)**

171

(1) このテレビドラマはとても面白くて、私はもう何回も見ました。まだ何回も見みたいです。

(　　　)(　　　)电视剧非常有意思，我都看了(　　　)(　　　)(　　　)了，

(　　　)想(　　　)看(　　　)(　　　)(　　　)。

(2) 去年の秋、私は京都に一回行ってきました。私はあそこの紅葉は極めてきれいだと思います。

去年秋天我去了(　　　)(　　　)京都。我(　　　)(　　　)那儿的红叶(　　　)

(　　　)(　　　)。

(3) 授業までまだ30分あるので、私たちはまだもっとお喋りをすることができます。

(　　　)上课(　　　)(　　　)半个小时，我们(　　　)可以(　　　)聊(liáo)

(　　　)(　　　)(　　　)。

(4) もう少しお待ちください。15分経てば、王先生は授業を終えます。

请您(　　　)等(　　　)(　　　)吧。(　　　)(　　　)一刻钟王老师(　　　)

下课(　　　)

1 2 3 4 | 1 2 3 4 5 6 7 8 9 10 11 12 下课后

(5) 皆さん、こんにちは！ちょっと自己紹介をさせていただきます。

大家好！请(　　　)(　　　)来自我介绍(　　　)(　　　)。

(6) 彼女は医者になりたいと言ったり、先生になりたいと言ったりします。彼女が今後何をしたくなるのかはわかりません。

她(　　　)(　　　)(　　　)说将来(　　　)(　　　)医生，(　　　)(　　　)(　　　)又说(　　　)(　　　)老师。真(　　　)(　　　)(　　　)她今后想做什么。

(7) 中国の北方の人は餃子を食べるのが特に好きです。食べたらもっと食べたくなります。

中国的北方人特别(　　　)(　　　)吃饺子。(　　　)了(　　　)(　　　)吃。

(8) 時間はまだ早いので、もうちょっと寝ていてください。

时间(　　　)早，(　　　)(　　　)睡(　　　)(　　　)(　　　)吧。

(9) あなた達には労働力もあり、財力もある。もう少しよく考えれば問題を解決する可能性が出てくるのでは？

你们(　　　)有人力，(　　　)有物力。(　　　)细想(xìxiǎng)一下，(　　　)(　　　)(　　　)可能(　　　)问题解决好。

3 ピンインを簡体字に書き換えましょう。その後、音声に続いて発音練習をしましょう。

172

(1) また期末試験の時期が来ました。私はしっかりと復習しなければなりません。

Yòu yào qīmòkǎoshì le, wǒ děi hǎohāor fùxífùxí.

---

(2) 長年のご厚情に感謝申しあげます。恐れ入りますが、今回またご迷惑をおかけいたします。

Fēicháng gǎnxiè nín zhème duōnián de hòu'ài(厚爱). Bùhǎoyìsi, zhècì yòu yào gěi nín tiān máfan le.

---

(3) 時間はまだ早いので、お菓子をちょっと食べてもう少し休みましょう。

Shíjiān hái zǎo, chī yìdiǎnr diǎnxīn zài duō xiūxi yíhuìr ba!

---

(4) 皆さんとまたお会いできる機会が来ることを願っております。→私達もそう願っております。

Xīwàng néng yǒu jīhuì zài gēn gèwèi jiàn//miàn! → Wǒmen yě zhèyàng xīwàng.

---

(5) 前回試験の成績が悪かったので、父に説教された。今回私はもう二度と父を怒らせたくはない。

Shàngcì méi kǎohǎo, jiù bèi bàba shuō le yídùn. Wǒ zài yě bù xiǎng ràng bàba shēng//qì le.

---

(6) 今日はまず電話で連絡だけして、後日改めてお目にかかって説明をします。

Jīntiān xiān dǎ ge diànhuà gēn nín liánxì yíxià, gǎitiān zài dāng//miàn xiàng nín jiěshì yíxià.

---

(7) 私の祖母は本場の中華料理を作れます。たくさん食べてください、遠慮なさらないでください。

Wǒ nǎinai zuò Zhōngguócài zuòde hěn dìdao. Nǐ duō chī yìdiǎnr ba, bié kèqi!

第11課 練習問題

1 音声を聞き、聞き取った語句の簡体字とピンインを書きましょう。簡体字は（　　）に、ピンインは……に書くこと。

173

(1) ピアノを弾くのはすごく難しいと思っていた。でも学び始めるとバイオリンの方が難しかった。

我（　　　　）弹钢琴（　　　　）。不过学起来，（　　　　）更难。

ピンイン ……　……　……

(2) 李君はAクラスでは一番サッカーが上手だ。でも、Bクラスの張くんは彼よりずっと上手だ。

小李在A班（　　　　）踢球踢得（　　　　）。不过B班的小张比他踢得

ピンイン ……　……

（　　　　）。

……

(3) 私のトランクは10キロの重さがある。もう少し重いと持ち込み荷物にできなくなる。

我的行李有（　　　　）。再重一点儿就（　　　　）随身(suíshēn)行李了。

ピンイン ……　……

(4) この店の品物は、品質があの店とほぼ同じならもっと安くするべきだ。

这家商店的东西，质量(zhìliàng)跟那家的（　　　　），（　　　　）

ピンイン ……　……

价格更便宜。

(5) 私の家は君の家より大学から2キロ遠い。自転車で通学すると1時間かかる。

我家（　　　　）大学（　　　　）你家（　　　　）。骑自行车上学

ピンイン ……　……　……

（　　　　）。

……

(6) 私の弟は私より3センチ背が高い。だが、君の弟よりは10センチ背が低い

我弟弟个子(gèzi)比我（　　　　）。不过（　　　　）你弟弟（　　　　）。

ピンイン ……　……　……

❷ 音声を聞き(　　　)に簡体字を一文字づつ書き入れて文章を完成させましょう。

🔊174

(1) 私達の会社はあなた達の会社ほど忙しくない。週に二日休みます。

我们公司(　　　)(　　　)你们的(　　　)(　　　)忙。

(　　　)(　　　)休息(　　　)(　　　)。

(2) 李君の日本語の話し方は張くんほど流暢ではない。けれど平仮名はずっと綺麗に書く。

小李日语(　　　)(　　　)没有小张(　　　)(　　　),

可是平假名(píngjiǎmíng)(　　　)(　　　)(　　　)小张漂亮。

(3) 日本人にとって簡体字はドイツ語の文字ほど難しくない。しかし声調の発音は非常に難しい。

(　　　)日本人(　　　)(　　　), 简体字(　　　)(　　　)德文字

(　　　), 可是声调发音(　　　)(　　　)难。

(4) この本はテキストほど難しくないが、内容はテキストより豊富で興味深い。

这本书(　　　)(　　　)课本(　　　)(　　　)难,

内容却(　　　)课本丰富(fēngfù)(　　　)有趣(yǒuqù)。

補充 形容詞と形容詞をつなぐ場合、"和"ではなく"而(ér)"を使う。

(5) 弟は絵を習い始めたばかり(gāng)だ。妹ほど上手に描けないのはあたりまえだ(nánguài)。

弟弟刚(　　　)(　　　)学画(　　　)(　　　)。

他画得(　　　)(　　　)妹妹(　　　), 这也难怪(nánguài)。

(6) 彼女は中国語を半年しか勉強していないので、まだ彼ほどはっきりと(qīngchu)話せない。

她学汉语只(　　　)(　　　)半年, 还(　　　)(　　　)他(　　　)(　　　)那么

清楚(qīngchu)。

(7) 引っ越してから、家から職場まで3キロ遠くなった。通勤が以前ほど便利ではなくなった。

搬家以后, (　　　)家(　　　)单位(　　　)(　　　)三公里。

上下班(　　　)(　　　)(　　　)(　　　)方便了。

3 日本語の意味になるように(　　　)に簡体字を一文字づつ書き入れて文章を完成させましょう。その後音声に続いて発音をしながら答え合わせをしましょう。

175

(1) 今年の9月はまるでいつもの夏のようだ。少しも涼しくない。

今年九月(　　)(　　)和(　　)(　　)的夏天(　　)(　　)。

一点儿都(yìdiǎnr dōu)(　　)(　　)(　　)。

補充 「少しも」+「～でない」という構造は、文法ポイント「3-2」にあてはめて理解するとよい。

(2) 3月末になってやっと暖かくなってきた。今日の気温も4月中旬とほとんど同じだ。

(　　)(　　)三月底才(cái)暖和(　　)(　　)。

今天气温也(　　)四月中旬的(　　)(　　)(　　)。

(3) 日本の女性の背丈の平均はドイツ人ほど高くない。まるでドイツの中学生のようである。

日本妇女的平均(　　)(　　)(　　)(　　)德国妇女(　　)那么

(　　)。(　　)德国初中生(　　)(　　)。

(4) 彼は有名校へ合格したようですね、これまでこんなに喜んだ様子を見たことがありません。

他(　　)(　　)考(　　)(　　)名牌大学(míngpái dàxué)，我(　　)

(　　)(　　)(　　)他这么(　　)(　　)的(　　)(　　)。

(5) 彼らはとても仲がよい。まるで実の兄弟のように、いつも一緒に行動している。

他们的关系(　　)(　　)。(　　)亲兄弟(qīnxiōngdì)(　　)(　　)，

总(　　)(　　)(　　)。

(6) 彼女は兄のように賢くて(彼女も)大学で医学を勉強し、医者を志している。

她(　　)(　　)(　　)(　　)(　　)聪明，也(　　)大学(　　)

医，将来(　　)当医生。

❹ ピンインを簡体字に書き換えましょう。その後、音声に続いて発音練習をしましょう。

176

（1）今年の夏は例年よりずっと暑いので、多くの人がめったに外出しなくなった。

Yīnwèi jīnnián xiàtiān bǐ wǎngnián rèduōle, suǒyǐ rénmen hěn duō rén hěnshǎo(很少)chū//mén le.

（2）中国に生まれていたらどんなにいいだろう。苦労して中国語を学ばなくてすむ。

Rúguǒ wǒ shēngzài Zhōngguó gāi duōme(多么)hǎo! Yīnwèi búyòng chīlì(吃力)de xué Hànyǔ le.

（3）李君の成績が張君ほどよくないとは思いもかけませんでした。さらに努力してほしいです。

Méi//xiǎngdào Xiǎo Lǐ de chéngjì méiyǒu Xiǎo Zhāng nàme hǎo, xīwàng Xiǎo Lǐ gèngjiā(更加)nǔ//lì!

（4）私達は十分相談し(たことが)あったけれども、やはりこの問題を解決できなかった。

Suīrán wǒmen hǎohāor shāngliangguo, dànshì háishi jiějuébuliǎo zhège wèntí.

（5）もし構わなければ、どうぞあちらの教室の椅子を全部こちらへ運んで来てください。

Yàoshì kěyǐ dehuà, qǐng bǎ nàge jiàoshìlǐ de yǐzi quándōu bāndào zhèr lái.

（6）1年間留学できたなら、できるだけ多く旅行して、多くの人と友達になるつもりだ。

Yàoshi wǒ néng liú yì nián de xué, wǒ yào jǐnkěnéng(尽可能)duō qù lǚyóu, duō jiāo péngyǒu.

補充 “留学”は**離合詞**。動作の継続期間を“学”の修飾語として表すことができる。

第12課 練習問題

1 音声を聞き（　　）に簡体字を一文字づつ書き入れて文を完成させましょう。 177

(1) もしヨーロッパへ行けたら、最初にロンドンへ行きたいですか、パリに行きたいですか？

（　　）（　　）你能去欧洲(Ōuzhōu)（　　）（　　），你想（　　）（　　）

（　　）去伦敦（　　）（　　）去巴黎?

(2) もう終電が出ます。駅に一番早く着くためにはどう行けばいいですか？

末班车(mòbānchē)（　　）（　　）（　　）（　　）。为了最早到达(dàodá)

车站，（　　）（　　）走（　　）（　　）（　　）？

(3) 李くんは来年の9月に日本へ留学します。同級生のほとんど全員がとても羨ましく思っています。

小李明年九月（　　）（　　）（　　）日本留学（　　），同学们（　　）

（　　）（　　）(Jīhū dōu) 很羡慕。

補充 "几乎都"は"差不多都"に比べて、個別に数が数えられるものにより多く用いられる。

(4) 学会がもうすぐ始まります。早く会場へ着いて、発表する準備をしなさい。

学会（　　）开始（　　）。你们（　　）（　　）会场去，准备（　　）

（　　）发表(fābiǎo) 吧！

(5) もうすぐ秋になります。今よりずっと涼しくなるので、きっともっと勉強しやすくなるでしょう。

秋天（　　）（　　）（　　）。因为（　　）现在（　　）（　　）（　　）

（　　），就（　　）容易学习了。

(6) 放課後、李君は張君と一緒に遊びに出かけますか、それとも図書館へ勉強しに行きますか？

放学(fàng//xué) 后，小李是（　　）小张（　　）（　　）出去玩儿，（　　）

（　　）一个人（　　）图书馆学习?

(7) もし明日雨が降ったら、運動会は来週水曜日に開かれます。その日また雨が降ったら中止です。

(　　　)(　　　)明天下(　　　)雨，运动会(　　　)在(　　　)(　　　)

(　　　)(　　　)举行。那天下雨(　　　)(　　　)，就(　　　)举行(　　　)。

2 ピンインを簡体字に書き換えましょう。その後、音声に続いて発音練習をしましょう。

178

(1) 高校３年生は統一試験を受けるため、どこへも行かずにずっと受験勉強をして(备考)いる。

Gāozhōng sānniánjí de xuésheng wèile cānjiā(参加)tǒngyīkǎoshì, nǎr dōu bú qù yìzhí zài bèikǎo.

---

(2) 王先生はもうすぐ定年だそうですが、　私たちは３年間先生と会っていません。
時期をみてクラス会を開き、感謝の気持ちを表しませんか？

Tīngshuō Táo lǎoshī yào tuì//xiū le, kěshì wǒmen sānnián méi gēn tā jiàn//miàn le.

Wǒmen zhǎo ge shíjiān kāi ge bānhuì(班会), biǎoshì yíxià wǒmen de xièyì, zěnmeyàng?

---

(3) 姉は仕事が忙しすぎて、この一年どの観光地へも出かけていません。

Jiějie gōngzuò tài máng le, zhè yìnián nǎge yóulǎnshèngdì(游览胜地) dōu méi qù.

---

(4) この集合写真を見て何か思い出しましたか？　とても懐かしいですよね？

Nǐ kànle zhèzhāng héyǐng(合影)xiǎngqǐle shénme ma? Zhèzhāng zhēn ràng rén huáijiù(怀旧), duìbuduì?

---

(5) 彼女の前で彼の話はもうしないでください。彼らはもう別れたのですから。

Zài tā de miànqián(面前)bié shuō tā le, yīnwèi tā hé tā yǐjīng fēn//shǒu le.

補充 "说"のあとには話した内容が来る。話をする相手は"跟～说"と介詞構造で示す。

(6) カップラーメンをたくさん食べてはいけない。おいしいけれど食べすぎると体に良くない。

Búyào chī hěn duō fāngbiànmiàn! Suīrán hǎochī, dàn chīde tài duō duì shēntǐ bù hǎo.

(7) 私達は彼らに席を譲るべきでしょうか？

その必要はないでしょう。見たところ彼らは私達より元気そうです。

Wǒmen yīngbuyīnggāi gěi tāmen ràngzuò? → Búyòng ba, kànqǐlái tāmen hǎoxiàng bǐ wǒmen hái yào yìnglang(硬朗).

補充 二音節助動詞(AB)略式の反復疑問形式は"A不B"になる。"应不应该", "可不可以"

(8) 私はこの小説はどの本よりも面白いと思う。もう一冊買って友人にプレゼントしたい。

Wǒ juéde zhèběn xiǎoshuō bǐ nǎběn dōu hǎokàn. Wǒ hái xiǎng mǎi yìběn sònggěi péngyou.

3 日本語の意味になるように(　　)に簡体字を一文字づつ書き入れて文章を完成させましょう。その後、音声に続いて発音しながら答え合わせをしましょう。(音声は正解の一例です。)

179

(1) 彼がこの会議に参加して意見を述べさえすれば、あの難題はきっと解決できるはずです。

(　　)(　　)他参加(　　)(　　)提出(　　)(　　),

那个难题(　　)(　　)(　　)解决(　　)。

(2) 彼が議論(tǎolùn) に参加してこそ、委員会は結論が出せ、会議も無事終了できるはずです。

(　　)(　　)他参加讨论，委员会(　　)(　　)做出结论，会议也(　　)圆满(yuánmǎn)(　　)(　　)。

(3) 李君はこつこつと勉強するだけでなく記憶力がいい。学生は皆彼を見習って勉強すべきです。

小李(　　)(　　)踏踏实实(tātāshíshí)地学习，(　　)(　　)记忆力也很(　　)。学生们都(　　)(　　)他学习。

(4) 外国語をマスターしようと思うなら、多く聞き多く話し多く書き多く読んでこそ目標を達成できる。

(　　)学好外语(　　)(　　)，(　　)(　　)多听多说多写多读(　　)(　　)达到目标(mùbiāo)。

(5) 日本にいた時は中国語を流暢に話せると思っていた。でも中国に到着したら一言も話せなかった。

在日本时我(　　)(　　)自己的汉语(　　)(　　)很(　　)(　　)。不过(　　)(　　)中国，一句(　　)都说(　　)(　　)(　　)了。

(6) 今年の東京は暑くてたまらない。しかし上海は東京よりずっと暑いばかりかその上蒸し暑い。

今年东京(　　)(　　)(　　)(　　)，可是上海(　　)东京(　　)(　　)热(　　)(　　)，而且(　　)闷热。

(7) 真面目で、勤勉で、また一生懸命に勉強してこそ、初めて良い成績をとることになります。

(　　)(　　)认真、勤奋、努力学习，(　　)(　　)取得好成绩。

(8) 兄はかっこいいだけではなく、学習成績も素晴らしいです。

哥哥(　　)(　　)人长得帅，(　　)(　　)学习成绩(　　)很优秀。